DU

MARIAGE CIVIL

ET DU

MARIAGE RELIGIEUX,

PAR

H. THIERCELIN,

Docteur en droit, Avocat à la Cour de Cassation.

———— ∘∘ ————

PARIS.

LIBRAIRIE DE A. FRANCK, ÉDITEUR,

67, RUE RICHELIEU, 67.

—

1854

DU MARIAGE CIVIL

ET

DU MARIAGE RELIGIEUX.

3719

DU

MARIAGE CIVIL

ET DU

MARIAGE RELIGIEUX,

PAR

H. THIERCELIN,

Docteur en Droit, Avocat à la Cour de Cassation.

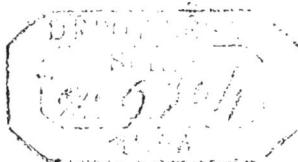

———— ⬦⬦⬦ ————

PARIS.

LIBRAIRIE DE A. FRANCK, ÉDITEUR,

RUE DE RICHELIEU, 67.

1853

I

DE LA QUESTION DU MARIAGE.

L'attention publique s'est préoccupée, dans ces derniers temps, d'une polémique dont le résultat eût pu être de modifier, sur la question du mariage, la législation qui nous régit. Les partisans aveugles d'un ordre de choses qui n'est plus auraient voulu rendre, ou plutôt donner au mariage, un caractère exclusivement religieux. D'autres, plus timides, moins conséquents, se seraient contentés de mettre, comme on dit, à

1

cet endroit Dieu dans la loi. Tous tendaient à donner à notre législation, sur ce point, l'empreinte du caractère théocratique.

Les circonstances dans lesquelles la discussion s'est produite indiqueraient seules qu'un principe supérieur était en jeu ; les aveux qui sont survenus étaient superflus. Qu'y a-t-il à s'étonner ? Les partis exploitent tout, les passions, les terreurs et jusqu'aux sentiments les plus intimes, s'ils prédisposent à des concessions, qui bientôt, hélas ! deviendront l'occasion de nouveaux débats. Il était tout naturel que, à un moment où la société, dans sa frayeur, revenait à d'anciennes croyances trop oubliées, il se trouvât des hommes pour ressusciter des prétentions qu'elles favorisaient jadis, au risque d'amener un mouvement contraire.

C'est donc toujours du droit et de l'autorité qu'il s'agit. La lutte des deux principes n'est pas nouvelle. Dans les sociétés antiques, elle ne pou-

vait avoir un caractère bien accusé. Personnifiée
au sommet dans un homme ou une aristocratie
qui ne pouvait agir qu'au nom de sa propre raison et ne prétendre qu'à l'exercice d'un pouvoir
humain, l'autorité devait être confondue avec la
force. Elle s'ignorait elle-même, sa mission, sa
destinée, et jusqu'à la part d'influence légitime
peut-être qu'elle pouvait exercer temporaire-
ment. Aussi les combats où elle demeurait vain-
cue ne laissaient-ils d'autre regret que celui de
la défaite, comme dans les jeux sanglants des
tribus sauvages, où le parti qui succombe, sans
considération de la justice ou de l'iniquité de sa
cause, ne songe, après la perte de la bataille,
qu'au moyen de la regagner.

Le caractère de la lutte n'a jamais disparu
complétement, mais l'avénement du christia-
nisme l'a profondément modifié. L'Église catholique a mis dans le débat le poids de sa puissance
spirituelle. L'autorité est alors apparue avec le
seul caractère qu'elle puisse avoir, c'est-à-dire

comme s'exerçant en vertu d'une mission providentielle. Et c'est ainsi que, dans l'ordre temporel comme dans l'ordre spéculatif, on l'a vue depuis, plus sûre d'elle-même, avec une conscience plus nette de sa force et de sa valeur, formuler son principe, en régler l'application, mais aussi travailler, sans le savoir, à dégager le principe contraire, l'idée du droit, du sentiment indistinct qui germait dans les masses.

Qui doit l'emporter de l'autorité ou du droit ?

De nos jours, l'antagonisme est nettement posé. La révolution française, dont les commencements font admirer les bienfaits et la grandeur, autant que ses excès la font maudire, a formé une génération ne reconnaissant, presque tout entière, d'autre principe de gouvernement que le droit. L'irritation d'un moment, pour des excès dont le principe du droit n'est pas responsable, ne prouve rien. Faut-il revenir au système de Grégoire VII et de Boniface VIII, plus ou

moins adouci, et, avec cette banalité qui sera ré-
pétée longtemps encore, qu'on ne peut bannir
Dieu de la loi, imposer au pouvoir temporel une
tâche d'auxiliaire qui ne peut jamais être la sienne?

C'est la question qui s'agite aujourd'hui à propos du mariage.

A Dieu ne plaise que nous contestions à la
plus haute expression de l'autorité, à l'Église,
l'empire qu'elle prétendra toujours, et avec raison, exercer sur les âmes, nous ne disons pas
tout à fait sur les consciences. Bacon a dit qu'un
peu de philosophie naturelle incline à l'a-
théisme, mais qu'une science plus haute ramène
à la religion. Il en donne cette raison, que
l'homme qui considère les causes secondes
éparses peut bien acquiescer par ses propres lumières à chacune d'elles, mais que pour pénétrer
plus avant et trouver la chaîne qui les lie, il lui
faut se réfugier vers l'idée d'un Dieu [1]. Nous

[1] *Sermones fideles*, cap. XVI, *De atheismo*.

ajouterons qu'il n'y a pas de religion sans dogme, et que l'Église seule donne une réponse satisfaisante aux questions que tout homme s'est posées, au moins une fois, sur sa destinée, sa nature, son avenir. Mais reconnaître que l'Église est en possession de la vérité surnaturelle, ce n'est pas lui donner le droit de rendre obligatoires les préceptes qui en découlent.

Les adversaires du droit individuel humain, disons plus simplement, du droit, puisqu'il n'en est pas d'autre, font une singulière confusion d'idées. On a dit avec raison : L'homme s'agite, et Dieu le mène [1]. Or, de ce que Dieu fait sentir une autre justice que celle que la raison perçoit, justice toujours mystérieuse, ils nient la justice et la raison. Mais quoi de commun entre cette intervention occulte de Dieu dans le gouvernement des choses humaines, et le pouvoir prétendu d'interpréter ses décrets et de les faire

[1] On fait communément honneur du mot à Bossuet; il faut le restituer à qui de droit, à Fénelon.

exécuter? L'action de Dieu sur le monde est un
fait que l'école seule de Voltaire pourrait contester ; mais enfin ce n'est qu'un fait, appartenant à
l'ordre historique, et le pouvoir théocratique,
quelque part qu'on le place, est quelque chose
d'essentiellement différent. L'homme, entouré
de mystères, jouet de tendances contraires, sans
cesse trompé dans ses calculs et déçu dans ses pré-
visions, se sent sous une main toute-puissante :
naturellement il remontera à cette raison suprême et mystérieuse des choses dont la vérité
entraîne son adhésion ; mais ce sera par un ef-
fort de sa propre raison, non autrement. Il se
soumettra volontairement, il n'abdiquera pas
sans réserve. Avec ce sentiment qui l'humiliera
sous des mystères inaccessibles à son intelligence, mais patents, certains, comme ces astres
invisibles dont des calculs démontrent l'existence
à tel endroit du firmament, il conservera cet autre sentiment de son indépendance et de la responsabilité qui pèse sur lui comme être libre et
intelligent. Donc, après cette parole : Dieu mène

le monde, il faut ajouter : La force n'appartient
qu'au droit.

L'autorité religieuse formule comme elle veut
ou doit ses dogmes et ses préceptes. Elle n'est
pas tenue d'être *raisonnable*, parce qu'elle ne
demande qu'une adhésion volontaire. Mais le
pouvoir temporel, appelant la force pour maintenir ses commandements, ne peut rien lui em-
prunter. Il ne saurait parler un autre langage
que celui de la raison commune. Et c'est pourquoi, en maintenant le droit selon les lumières
qui lui sont départies, il doit laisser à une justice
plus haute, à laquelle les moyens ne manqueront
pas, le soin, s'il se trompe, de rectifier ses jugements.

D'ailleurs, jusqu'où ira-t-on dans cette voie ?
A quel titre préjuge-t-on la volonté divine, et
comment peut-on substituer aussi hardiment un
droit conjectural à des règles de justice que
l'homme de tous les pays trouve écrites dans sa

conscience? S'attend-on à rencontrer des limites? L'histoire apprend qu'il n'y en a pas. Les
prétentions de la Papauté au moyen âge étaient
très-logiquement déduites du pouvoir que l'É-
glise, par ses ministres, exerce sur les consciences. Le plus véhément apologiste de la puissance papale fait remarquer avec raison que les
Papes n'ont jamais rien exigé qu'en vertu de
leur puissance spirituelle, que, comme catholique, nul ne peut leur contester [1]. C'est comme
interprètes de la loi de Dieu qu'ils prétendaient
à se faire écouter des souverains et des sujets. Ils
ne marchaient pas contre le prince récalcitrant;
ils lançaient l'interdit. Ils ne se constituaient
pas les vengeurs du droit violé, du droit tel qu'ils
le concevaient; ils n'étaient que juges. Or qui
peut limiter l'exercice d'une telle puissance, dès
qu'on a renoncé aux lumières de la raison, si in-
certaines et vacillantes qu'elles soient? Le pouvoir civil qui se fait, sur un point quelconque,
l'exécuteur d'une justice surhumaine, est logi-

[1] *Du Pape*, par Joseph de Maistre, liv. ii, chap. 8.

quement entraîné vers la condition de ces souverains placés au moyen âge sous la suzeraineté
spirituelle des papes. Sans doute les moyens de
coërcition d'alors ne seront plus employés, l'esprit du temps y répugne ; mais il n'importe. La
question est de savoir si le même droit subsiste ;
et dès qu'on le reconnaît, il faut bien qu'il soit
obligatoire, puisqu'on ne pourrait y résister
qu'en se rendant coupable.

Faut-il, comme les enfants, ne pas compter
pour une faute tout acte qui n'est pas suivi du
châtiment?

C'est une grande injustice que d'opposer à
l'Église les actes particuliers de ses chefs pour
une impeccabilité à laquelle elle n'a jamais prétendu pour eux. Mais on peut, on doit lui opposer son droit tel qu'elle l'a formulé, avec les
conséquences qu'elle en a déduites. Tous les
gouvernements peuvent se tromper, parce qu'ils
sont discutables ; l'Église seule, dans sa doctrine,

ne le peut pas. On a dit que son infaillibilité n'était pas un privilége particulier ; qu'elle n'est infaillible qu'en ce sens qu'on ne peut lui résister. C'est une erreur. Il faut laisser aux souverainetés temporelles le triste privilége de commander sans avoir raison. La résistance n'est impossible contre l'Église que parce que son infaillibilité est un dogme et doit être une vérité.

Voilà l'autorité telle qu'elle se présente. Sa marque, c'est de ne pouvoir être discutée ; c'est de n'avoir nul compte à rendre de ses jugements, parce qu'elle agit en vertu d'une délégation divine. L'Église catholique en a compris la première le caractère ; mais l'autorité, quoique résidant essentiellement dans l'Église, peut se manifester ailleurs. Une loi qui n'est pas *juste*, nous voulons dire de la justice de tous les pays, et qui cherche sa justification dans des raisons empruntées à l'ordre surnaturel, est un acte d'autorité, de quelque pouvoir qu'elle émane.

Telle serait la loi du mariage religieux, imposée ou confirmée par la puissance, divine dans son institution, dont toutes celles qui veulent être souveraines tiennent leur droit. Et il ne faut pas qu'on se récrie : nous disons qu'une telle loi serait un acte d'autorité, pour ne pas dire un acte arbitraire, sous lequel nom personne n'en voudrait.

On a dit que l'exercice de la souveraineté spirituelle du Saint-Siége avait assuré et assurerait encore la liberté des peuples. Cela peut être, si l'on donne aux souverainetés temporelles un pouvoir sans limites. Le souverain qui ne reconnaîtrait pas une autorité divine en lui (ce qui serait déjà une monstruosité de l'orgueil), ou ailleurs, n'aurait de règle que son bon plaisir. Il serait un fléau qu'aucun peuple ne tolérerait longtemps. Mais si le droit est le seul principe d'action des gouvernements, la garantie d'une justice supérieure est naturellement sans objet.

A tout cela, les docteurs ultramontains répon-
dent : La doctrine catholique est telle, on ne
peut la modifier ; c'est un fait, il faut l'accepter
tel qu'il est.

C'est le prendre de bien haut. Toute discussion est dès-lors impossible. On ne discuta plus
avec les Jésuites quand ils dirent d'eux-mêmes :
Sint ut sunt aut non sint.

On ajoutera : La doctrine est telle, parce que
telle est la raison.

Dites *votre* raison ; et il sera bien constant
que le correctif ne corrige rien.

Ce n'est pas sans un certain embarras qu'on
se livre, de notre temps, à des discussions de
cette nature. Les prétentions excessives des
papes du moyen âge ne sont-elles pas définitive-
ment condamnées ? Il semble que l'on combatte
des fantômes. Et cependant le principe des pré-

tentions des Grégoire VII, des Innocent III, des
Boniface VIII, est encore et sera toujours un des
dogmes principaux du catholicisme. Qu'est-ce
que la confession, pour parler sans ambiguïté,
sinon le pouvoir de diriger les consciences, qui
se traduit vis-à-vis des peuples par l'appel à la
résistance, et vis-à-vis des souverains par l'interdit? Les catholiques qui se récrient contre le
pouvoir indirect de l'Église dans les questions
civiles n'y voient rien, et ceux qui parlent de le
limiter, prouvent simplement qu'ils ne le com-
prennent pas [1].

On a bientôt fait de parler de l'accord de l'au-
rité et de la raison; mais nul encore ne l'a
réalisé. Est-ce que l'Église, par ses prêtres, ne
prononce pas sur les cas de la conscience de
chaque fidèle individuellement? Est-ce que les
doutes qui intéressent l'âme et le salut ne nais-

[1] *Pouvoir indirect,* ce sont les mots employés dans la *Déclaration du clergé,* de 1682, pour désigner l'objet des prétentions du Saint-Siége. Les ultramontains n'en demanderaient
pas davantage.

sent pas en toutes matières? Est-ce qu'il n'y a pas de conscience pour les citoyens comme citoyens, et pour les souverains comme maîtres? Cicéron a pu dire qu'en matière de religion, il écoutait, non les philosophes, mais les pontifes: *Cum de religione agitur, T. Coruncanium, P. Scipionem, P. Scævolam, pontifices maximos, non Zenonem, aut Cleanthem, aut Chrysippum sequor* [1]. Mais un écrivain catholique ne parlerait pas ainsi; il ne ferait nulle réserve au profit de Chrysippe ou de Zénon. Il saurait qu'avec une doctrine qui fait rentrer le droit et la morale dans le dogme, et dont le ministre descend jusque dans le sanctuaire de la conscience pour la conduire, il ne faut parler ni de raison ni de droit.

Au reste, la corrélation que nous avons indiquée est vaguement sentie. Que de catholiques éclectiques pour un point unique, c'est-à-dire réservant ce dogme qui semble engager leur li-

[1] *De Natura deorum*, lib. III.

berté morale! Nous ne voudrions pas placer le *criterium* de la certitude dans la décision du nombre; un point de morale ou un dogme ne se met pas aux voix. Mais n'y a-t-il pas quelque chose de significatif dans la résistance du chrétien sur un seul chef; et quand le même homme prie au nom de la Trinité, fait sacrer son mariage, s'agenouille devant la croix, présente ses enfants au baptême et à la communion, et mourra désolé s'il n'a reçu l'onction suprême?

On parlera d'orgueil, de gêne dans le mal, d'endurcissement. Certes, une pratique que Voltaire lui-même considère comme le plus grand frein aux crimes secrets et le meilleur moyen de faire restituer par les voleurs l'argent qu'ils ont dérobé, peut bien provoquer la révolte de l'orgueil. Mais aussi un autre mobile peut exister, et c'est le sentiment mal démêlé de la responsabilité morale que tout homme sent peser sur lui.

Nos *bons* aïeux, qui valaient mieux que nous, ne retranchaient pas un seul article du *Credo* catholique. Ce n'est point à dire qu'il n'y eût de leur temps ni orgueil, ni endurcissement; ces deux maux datent de plus loin ; ils ont existé de tout temps. Mais ce qui est plus nouveau, c'est le sentiment de cette indépendance de la conscience, sans laquelle les œuvres sont sans mérite et la soumission même sans dignité.

Il est vrai qu'aujourd'hui l'on bafoue la conscience. Serait-ce donc qu'il n'y en a plus?

Il vient toujours un moment où elle se relève et ressaisit, au moins en partie, son empire. Parmi les catholiques mêmes, c'est une vieille lutte que celle qui s'agite entre les ultramontains et les gallicans. Ceux-ci veulent conserver l'ancienne discipline de l'Église des Gaules, et repoussent les nouveaux règlements de Rome qui y porteraient atteinte. Ils contestent la puissance du pape sur le temporel, et limitent son autorité en toutes matières par les canons. Que font-ils autre chose que réclamer contre le Chef même de l'Église un droit, une liberté ?

Ils s'arrêtent dans la même voie, un peu plus loin, à la vérité, où les catholiques éclectiques dont nous venons de parler, attendent pour s'engager.

Il est bien vrai qu'il n'a pas dépendu des ultramontains que les gallicans ne fussent des hérétiques. Mais le gallicanisme, tout inconséquent qu'il est, et par cela surtout, n'en est pas moins une noble protestation de la raison contre les prétentions de l'absolutisme.

De Maistre a écrit un gros livre pour établir cette thèse, que l'Église c'est le Pape. Sa grande raison, c'est que l'universalité qui est le caractère de l'Église suppose la forme monarchique, à cause du nombre des sujets et de l'étendue géographique de l'empire [1].

[1] *Du Pape,* liv. 1, ch. 1.

C'est peu convaincant, dirons-nous ; ces causes ne feraient point obstacle à ce que le gouvernement de l'Église fût aristocratique en la forme. Il n'est qu'une explication, et la voici :

Quand la discipline ecclésiastique place à côté de chaque individu un guide, un directeur, un interprète de la loi de Dieu, il serait contradictoire de ne point établir au sommet un interprète suprême, dont tous les autres apprennent hiérarchiquement ce qu'ils doivent faire. Il faut un juge supérieur là où il y a des juges subordonnés. Dès que la loi est appliquée par des hommes, le pouvoir souverain ne peut être anonyme, à peine d'engendrer l'anarchie. Et de là il suit, qu'ainsi que le fidèle ne peut disputer contre son directeur, celui-ci ne peut disputer, pour aucune raison, sous aucun prétexte, contre le supérieur de tous.

Voilà l'ultramontanisme dans son principe ;

qu'on supprime, en imagination, la confession, et il n'a plus nulle raison d'être.

Tout cela prouve une chose : c'est qu'il n'y a pas de milieu entre l'absolutisme théocratique et le droit. Bossuet, le gallican, génie plus pratique que logique, s'est en vain débattu contre les inconséquences évidentes de son système.

Peut-être aussi — pourquoi le dissimuler? — cela montre-t-il l'impossibilité de concilier, dans un autre ordre, le sentiment et la raison. Un Père de l'Église, saint Augustin, dit quelque part que l'autorité n'est pas sans raison, et que la raison elle-même indique quand il faut lui céder. On va ainsi de la science à la foi. C'est une méthode qui ne rentre qu'assez mal dans l'esprit d'une doctrine qui s'impose d'abord, et ne s'inquiète qu'après du soin de se justifier. Mais en est-il une autre? On tient au moins *les deux bouts de la chaîne*, tandis que les logiciens à outrance en laissent forcément échapper un.

Assurément ce n'est pas la paix que cet état
flottant de l'âme entre deux sentiments qui sem-
blent la solliciter en sens contraire. Mais aussi
la paix n'est pas de ce monde, et tel qui croit
l'avoir trouvée a trouvé la mort. Dans toutes les
conditions, la vie de l'homme est un combat
contre les passions qui le tourmentent; il est, pour
quelques-uns, une autre lutte plus douloureuse
encore, celle de la raison inquiète, agitée et
cherchant en elle une certitude qu'elle ne trouve
pas. Les plus grands esprits sont ceux qui l'ont
le mieux connue; Pascal n'était croyant que par
désespoir. Heureusement, l'homme, qui hésite
sur ce qu'il doit penser, n'hésitera jamais sur ce
qu'il doit faire; il a en lui un guide infaillible,
dont il est au moins étrange qu'il faille aujour-
d'hui réclamer les droits.

C'est cette pensée, résumé des lignes qui pré-
cèdent et sommaire des pages qui vont suivre,
que nous voudrions rendre palpable. Le droit n'a
qu'un principe, la conscience, la raison, non la

raison qui se soumet, mais la raison qui juge et prononce. La logique, et la logique implacable, est là sur son domaine. L'autorité ne peut être discutée, donc elle ne peut contraindre.

Loin de nous la pensée de rien ajouter à l'âcreté d'une polémique déjà trop envenimée. Fils respectueux, sinon toujours soumis, de l'Église, nous jugeons moins sa doctrine que nous ne cherchons à la comprendre. A tous les titres, elle commande la vénération. C'est elle qui a formé des saints, et au-dessous, de nos jours, ces admirables curés de campagne, qui font que chaque village compte au moins un homme de bien véritable, dans toute l'acception du mot. Mais la même réserve n'est pas commandée vis-à-vis de ces esprits intolérants qui mettent la foi qu'ils disent avoir au service de leur convoitise; et quand la passion haineuse, en de telles matières, parle un certain langage, il est bien permis de la démasquer pour la flétrir.

II

DU MARIAGE CIVIL.

Notre législation consacre l'indépendance des pouvoirs temporel et religieux. Quand la loi politique proclamait la liberté de la conscience et du culte, la loi civile ne pouvait, sans inconséquence, subordonner la validité du mariage, en tant que contrat, à la consécration religieuse; et elle devait encore moins soumettre l'état civil des époux et des enfants à naître au seul fait de la collation du sacrement.

La distinction du législateur moderne n'est pas nouvelle, l'ancienne législation l'avait reconnue. C'est la loi civile qui, même sous l'ancien régime, régissait le contrat de mariage; c'est au droit romain que le pouvoir civil avait emprunté la plupart des empêchements dirimants et des conditions intrinsèques du mariage; c'est le pouvoir civil lui-même qui avait déterminé les solennités qui devaient l'accompagner. A la vérité le prêtre constatait le contrat et conférait le sacrement; mais la double qualité de représentant de l'État et de ministre de la religion, en laquelle il agissait, n'opérait pas de confusion entre deux actes distincts; elle tenait à un système, où l'autorité religieuse, partie intégrante de l'autorité politique, la domina quelquefois, mais ne l'absorba jamais.

L'innovation du Code civil n'est donc pas aussi fondamentale qu'on paraît le croire généralement; elle ne consiste qu'en ce point, que le clergé, jadis gardien des actes de l'état civil, demeure confiné dans le sanctuaire et ne constate plus que l'état religieux.

Quand on examine toutes les théories que les publicistes ont édifiées sur la question du mariage, on ne peut trop déplorer cette erreur, trop commune, de raisonner sur des mots au lieu d'idées. Selon le sentiment prédominant, on donnera au mariage les qualifications d'*acte naturel*, ou d'*acte religieux*, ou d'*acte civil*, et l'on bâtira, sur des termes non définis ou mal définis, des systèmes de principes supposés et de prétendues conséquences. Les dénominations hâtées sont ainsi le plus grand obstacle à la manifestation de la vérité. On confond tout dans un fait complexe; on préjuge ce qui doit être jugé; la question est devenue un résultat, le point de départ un but atteint, et la vérité que l'on cherche est rendue désormais impossible, par la précipitation qu'on a mise à dénommer ce qui n'en était que l'apparence.

Il ne faudrait pas feuilleter longtemps nos Codes pour voir que cette cause d'erreur n'a pas égaré seulement les théoriciens. Tout le monde connaît la mort civile et ses effets. Quand un coupable a encouru la peine de la mort, celle de la déportation ou des travaux forcés à perpétuité, sa succession est ouverte, son mariage dissous ; il ne peut plus tester, donner, recevoir autrement que pour cause d'aliments, et la fiction, après avoir épuisé toutes les rigueurs, va si loin dans l'absurde, qu'il faut à ce condamné un curateur spécial pour procéder en justice. Quel est le principe de toutes ces conséquences monstrueuses ou ridicules? Cette idée, qu'un mort n'a plus de droits, et que la mort civile doit produire des effets identiques à ceux de la mort naturelle.

Certes, le législateur pouvait, devait attacher certaines incapacités légales aux peines que la société se voit forcée d'infliger aux grands coupables; mais il est au moins douteux qu'il les eût faites ce qu'elles sont s'il n'eût qualifié prématu-

rément l'état du condamné. Les tribunaux ne
peuvent plus lui rendre qu'une justice fictive, et
sous le nom d'un tiers! La femme perd le titre
d'épouse et tombe au rang abject de concubine,
par métaphore! Qui l'emporte ici de l'absurde
ou de l'horrible? Voilà cependant ce qu'ont pu
décréter de sages esprits pour avoir fait de la rhé-
torique hors de propos.

Qu'est-ce donc maintenant en réalité que le
mariage? La rencontre fortuite de l'homme et
de la femme n'opère pas de mariage. Il ne faudrait voir dans le penchant physique qui en serait l'occasion que l'instinct de la brute, qui s'ac-
couple, mais ne se marie pas. Ce n'est pas le
mariage non plus que ces unions, à la vérité
cherchées, mais qu'aucun engagement n'accom-
pagne. Pour l'homme, être libre et moral,
l'union des sexes avec les obligations qui en
dérivent a un caractère autrement élevé. C'est
un acte réfléchi. Le mariage n'est pas un fait,
mais un contrat; c'est une société où les parties

s'unissent pour la perpétuation de l'espèce, et
mettent en commun les forces dont elles dispo-
sent, en vue du développement de la famille
qu'elles fondent. Et ce qu'il importe de remarquer, c'est que cette société est telle, que les contractants ne peuvent ni donner ni promettre
rien qu'ils ne stipulent en échange.

Les obligations inhérentes au mariage, les
droits inamissibles des époux, la pérennité du
lien conjugal, etc., ne changent pas la nature du
mariage; c'est toujours un contrat civil, par la
raison que tous les contrats sont tels. Nous in-
sisterons plus loin sur le caractère de ce contrat;
qu'il suffise, quant à présent, de l'indiquer.

Pothier a dit que le mariage donne aux époux,
chacun réciproquement, un droit sur le corps
de l'autre [1]. C'est, en effet, le résultat de ce contrat, qui a toujours pour objet, réel ou supposé,
la procréation des enfants. Mais il faut ajouter

[1] *Traité du Contrat de mariage.*

que les autres droits personnels qu'il confère
sont déterminés par la nature même de l'acte,
et qu'il ne serait pas juridiquement loisible aux
parties de la modifier par des promesses ou des
renonciations.

Maintenant, si l'on distingue ce qui doit être
distingué, tout s'explique. Un mouvement in-
stinctif pousse l'homme et la femme à un rapprochement qui doit fonder la famille; ce penchant se spécialise par l'effet d'un charme secret
dont les poëtes ont décrit les mystères; il détermine la préférence, et le rapprochement s'o-
père : voilà l'acte naturel.

Mais l'amour chez l'homme diffère de l'instinct de la brute. La raison a dû en prévoir les
effets, et la volonté en régler les conséquences.
Préalablement à ce rapprochement intime, il est
intervenu, entre ces deux êtres qui vont s'unir,
des engagements qui ne peuvent être que per-
pétuels : voilà l'acte civil, le contrat.

Et comme l'homme religieux sent qu'il ne peut rien sans l'assistance divine; qu'en face des obligations qu'il vient de s'imposer, sous la responsabilité qu'il assume, et avec les charges morales et matérielles de son nouvel état, il lui faut une grâce particulière, il va la demander à Dieu, en faisant consacrer son union au pied de l'autel, et voilà l'acte religieux, le sacrement.

Qu'on équivoque aussi longtemps qu'on voudra, voilà trois faits distincts. Le premier n'intéresse que le physiologiste et le philosophe; le dernier demeure dans le secret de la conscience; le second seul offre au pouvoir politique matière à légiférer; non pas, plus ici qu'ailleurs, arbitrairement, mais selon la plus stricte raison. Le contrat qui lie les époux a ses conditions nécessaires. Il les donne l'un à l'autre exclusivement, indissolublement, *duo in una carne*, selon l'expression de la Genèse, et le pouvoir public ne saurait ratifier une union différente sans violer cette condition de validité de tous les contrats, l'égalité.

C'est la théorie de toutes les législations des
nations policées. Partout où la raison a quelque
autorité, où l'homme se respecte assez lui même
pour respecter sa compagne, où le droit, si mal
connu, que l'homme d'État lui-même ne saurait
dire en quoi il consiste, a cependant le prestige de
l'idée que le mot exprime, la polygamie est pros-
crite et le mariage est perpétuel, au moins dans
l'intention des époux.

Assurément ce n'est pas la doctrine catholique, même interprétée par ses apôtres d'aujour-
d'hui, à qui l'on peut reprocher une condescen-
dance trop grande en cette matière. La rigueur
des principes sert mieux ici leur pensée d'enva-
hissement. Si nous parlons de la monogamie et
de la perpétuité du lien conjugal, c'est comme
eux, mais sans eux.

Dès que le mariage est un contrat comme
tous ceux dont les codes civils tracent les règles,
il va de soi que le pouvoir civil seul peut déter-

miner les conditions de sa validité. Il peut seul aussi régler les formes probantes de son existence et les solennités qui doivent l'accompagner. Qu'importent la nature particulière de l'acte, les conséquences qu'il entraîne et la spécialité des obligations qu'il impose? Tous les contrats ont des effets nécessaires, des clauses inhérentes, auxquelles les particuliers ne peuvent déroger. Toutes les donations ne sont pas permises, tous les testaments ne sont pas exécutés selon la volonté du disposant. Le louage de services ne peut engager tout l'avenir de celui qui les promet; la vente elle-même, contrat essentiellement civil, ne demeure valide qu'à la condition de conserver aux contractants une position égale. Quand la loi déclare rescindables les obligations des mineurs, les ventes faites à vil prix, les conventions immorales, les aliénations simulées entre époux, et tant d'actes dont les jurisconsultes précisent le caractère, elle ne parle pas pour autoriser l'exercice d'un pouvoir arbitraire; mais, plaçant la force publique à la disposition du faible ou de l'ignorant dont la volonté n'a pu qu'être abusée, elle éclaire sa conscience, et lui montre qu'un engagement qui anéantit la liberté que Dieu lui a donnée pour faire le bien, ne saurait le lier d'aucune manière.

Le pouvoir civil, quand il n'excède pas la sphère de son action, ne procède pas à l'égard du mariage autrement que vis-à-vis de tous les actes de la vie civile, quels qu'ils soient. Il reçoit la preuve du contrat, en assure l'exécution, déclare les conditions intrinsèques de sa validité, mais ne les invente pas.

Les adversaires d'une loi sage, humaine, libérale, tolérante, font de singulières critiques. A les entendre, le pouvoir qui légifère sur le mariage outrepasse son droit, enlève au mariage son caractère, attente à la liberté de l'Église, à celle des catholiques, à toutes les libertés enfin, dont ces nouveaux champions, avec leur aigrette

34

d'emprunt, se sont constitués les défenseurs [1].

Autant d'erreurs que de phrases, autant d'impostures que de mots.

Si le mariage modifie aussi profondément l'état civil des époux, c'est au pouvoir public seul qu'il appartient de déterminer les conditions à l'observation desquelles il le reconnaît. Se figuret-on le pouvoir public, dans la matière qui intéresse au plus haut point l'état des citoyens, bornant son rôle à se faire l'exécuteur des décisions d'une autorité étrangère? La prétention qu'on élève ne demeurerait pas longtemps dans le cercle où elle s'agite; elle frappe plus haut. Pourquoi l'autorité catholique ne soumettrait-elle pas tous les actes de la vie civile et politique des nations à ses décrets, si l'état civil des époux, et par conséquent celui des enfants, lui appartient? Tout se tient. Ces prétentions qu'on re-

[1] On peut lire sur toutes ces critiques l'ouvrage de M. Rosmini, traduit de l'italien par M. L. Rupert, sous le titre : *Des lois civiles concernant le mariage des chrétiens.*

nouvelle, on les élevait dans le moyen âge; mais
alors l'Église ne reconnaissait qu'un droit, celui
qu'elle promulguait. Investie d'une souveraineté
sans limites, d'une puissance sans contrôle, l'É-
glise catholique, personnifiée dans le successeur
de saint Pierre, jugeait les rois, déliait les peuples, ou plutôt les vassaux, du serment de fidé-
lité, ratifiait ou cassait l'élection de César, lan-
çait l'interdit et l'excommunication, poursuivait
l'hérétique et l'excommunié après la mort, jusque sur leurs restes mortels et dans la personne
de leurs enfants. On se tait sur tous ces droits
prétendus, mais ils dorment dans les Décrétales,
à l'endroit même où gisaient hier ces autres
droits qu'on ressuscite aujourd'hui relativement au mariage. Ils ont le même principe. On
essaie de mettre un pied dans le camp ennemi;
on se contenterait momentanément d'un poste
avancé. Mais une autorité immuable, éternelle,
infaillible, du moins se disant telle, est condam-
née à être logique. Quand elle a parlé une fois,
elle se répète toujours. Elle ne peut rien abdi-

quer, puisqu'elle n'a pu errer. Il ne lui est pas
loisible de transiger ici ou là par prudence et
selon l'intérêt du moment. Il n'y a pas pour elle
ce qu'on appelle des nécessités de temps. Le
droit politique du moyen âge deviendrait le droit
de notre époque. Pourquoi non? Les Décrétales
forment encore aujourd'hui le droit de l'Église,
qui ne pourrait, sans se condamner, en arracher
un feuillet.

Pour repousser la compétence de l'autorité
religieuse dans la matière du mariage, je ne veux
rien que le principe qu'elle implique. Sa prédo-
minance est absolue ou n'est pas. Si les causes
du mariage lui appartiennent de droit, il faut re-
prendre le moyen âge, non pas tel qu'il fut, car
il n'a été qu'un temps de lutte, mais tel que la
Papauté essaya de le faire.

On insiste beaucoup sur ce que le pouvoir civil ne peut réglementer le mariage sans en alté-
rer le caractère. La loi civile, dit-on, ne peut

produire de lien moral; son autorité est suspecte,
ses dispositions sont arbitraires. Changeante selon les passions, les besoins, les intérêts, les
fantaisies des hommes, elle ne peut sanctionner
que des engagements qui participent de son in-
stabilité; et dès lors, le mariage, dont le caractère saillant est l'indissolubilité, cesse d'être ce
qu'il doit être, ce que Dieu a voulu qu'il fût.

Cette critique prouve deux choses : c'est qu'on
ne connaît ni la nature du contrat ni celle du
pouvoir qui doit en assurer l'exécution.

Il semblerait que le mariage n'existe que par
la volonté du pouvoir public, qui aurait une
puissance illimitée pour en déterminer les conditions. Rien n'est plus faux. Quoi qu'on fasse, le
mariage est un contrat; or, tout contrat a ses
conditions nécessaires, et quand il a été légitimement formé, il oblige à toutes les suites que
le droit y donne.

Pour ne citer qu'une de ces conditions essentielles, le mariage crée un lien indissoluble, éternel. Serait-il loisible aux époux de limiter la
durée de leur union, ou d'en subordonner l'existence à une condition résolutoire ? Il suffit de
poser la question pour la résoudre, et chacun a
déjà répondu négativement. La femme qui se
donne perd plus qu'elle ne reçoit. L'attrait mys-
térieux de sa pureté ne s'exerce qu'une fois. Il y
a sur ce sujet quatre vers charmants d'Arioste.
Or sa position serait inégale, c'est-à-dire contraire au droit, dans une union à temps, ou
résoluble, ou partagée.

Tel est, en effet, le caractère du droit, qu'il
peut être échangé, mais jamais abdiqué sans
compensation. Dieu a soumis l'homme à la
grande loi du devoir, et a mis un appareil d'or-
ganes au service de sa libre intelligence. L'homme
est dès lors tenu de pratiquer la loi morale et
d'écarter tout obstacle suscité par une volonté
étrangère; ce dernier devoir, ou plutôt cette fa-

culté, c'est le droit, qui n'est devoir que comme moyen. Mais si le droit diffère du devoir, il en est au moins l'auxiliaire obligé. Le devoir, l'obligation morale, c'est l'obéissance à cette loi de Dieu que l'homme trouve écrite dans sa conscience; et le droit c'est, dans sa plus simple expression, la faculté de faire ce que le devoir prescrit.

De cette notion du droit suit une conséquence nécessaire : c'est que l'homme ne peut pas plus renoncer à son droit que s'interdire la pratique du devoir. En vain abdiquerait-il cette liberté au secours de laquelle il peut et doit appeler la force; il ne ferait rien qui l'engageât, car rien ne vaut pour le mal ou contre le bien.

Notre Code civil a fait l'application de ce principe toutes les fois qu'il a limité la capacité légale des particuliers, ou proscrit tel ou tel pacte comme inique ou honteux. Pour ne citer qu'un fait, il met un frein aux prodigalités du particu-

lier aveugle qui court à sa ruine. La stipulation
des tiers ne produit aucun droit, et la promesse du
prodigue ne l'oblige pas. Pourquoi, si ce n'est
parce que c'est un devoir pour l'homme que de
pourvoir aux besoins de sa vie physique, et qu'un
droit ne peut avoir son principe dans ce qui a
été chez autrui un manquement à la loi morale?
L'homme peut donc permuter ses droits, c'est-à-
dire équilibrer ses forces, en langage vulgaire,
donner ce qu'il a de trop pour recevoir ce dont
il manque; mais il ne peut renoncer à agir selon la loi morale, qui est la loi de Dieu; et dans
tout contrat où la pensée du sacrifice ne peut
entrer, la marque du respect du droit est l'égalité des contractants.

Ces principes, qui sont ceux de tous les contrats, sont applicables particulièrement aux mariages. Le mariage donne les époux l'un à
l'autre; il les aliène. Il serait un attentat à la
dignité de l'état moral sans la réciprocité des
droits. Mais par le droit égal que les époux ont

l'un sur l'autre et l'avantage propre qu'ils trou-
vent, chacun retrouve sa personnalité. La polygamie est contraire au droit, parce qu'il n'y a
pas égalité entre deux époux dont l'un se donne
tout entier, tandis que l'autre ne se donne qu'en
partie, se donnant à plusieurs. Le mariage est
indissoluble, parce que les obligations perpé-
tuelles du mari seul peuvent compenser le sacrifice actuel de la femme. Les deux époux se
doivent une assistance éternelle, parce que
c'est le complément nécessaire de l'obligation
principale. Et tous ces droits et ces obligations
ont une cause commune, la volonté des contractants.

Dira-t-on encore maintenant que le pouvoir
civil ne peut produire un lien moral; qu'il ne
peut donner au contrat de mariage son caractère
distinctif, l'indissolubilité? Mais qui a jamais pu
soutenir que le lien conjugal, quelque idée que
l'on s'en fasse, fût l'œuvre du pouvoir? Les époux
se marient, on ne les marie pas. Leur volonté

commune, voilà la source du contrat; la nature
de l'engagement et de ce qui en fait l'objet, voilà
le principe de l'indissolubilité.

La loi ne parle que pour rappeler aux époux
les droits qu'ils acquièrent et les obligations
qu'ils s'imposent, et le pouvoir public intervient
pour prêter l'appui de la force au droit quand il
est méconnu.

On suppose bien gratuitement vraiment que
la loi peut être arbitraire. On paraît croire qu'il
dépend du législateur de faire que le mariage
ait ou n'ait pas les caractères auxquels il faut
le reconnaître. Il semblerait que l'indissolubilité
fût une invention humaine placée sur quelque
chose d'imaginaire. De ce que le législateur humain peut se tromper, on conclut qu'il n'y a pas
de droit humain.

C'est montrer une grande ignorance des principes sur lesquels vivent les sociétés modernes.

Est-ce qu'au-dessus de la loi, écrite ou coutu-
mière, mais trop souvent à la vérité variable
selon les passions des gouvernants ou des peuples,
il n'y a pas le droit immuable, éternel, parce
qu'il a pour principe la loi éternelle du devoir?
Les réclamations les plus vives qu'on ait jamais
élevées l'ont été contre l'arbitraire légal ; cependant ces deux mots, *loi injuste,* renfermeraient
une contradiction si la loi créait le droit.

On ajoute que si la loi civile vient à méconnaître le caractère du mariage avec les obligations qu'il entraîne, le mariage demeurera sans
sanction.

C'est vrai ; mais le droit ne cessera pas d'exister. Autre chose est le droit, autre chose est la
garantie du droit. Le pouvoir public qui refuse
son appui pour le soutien d'une prétention juste,
d'un droit, déserte sa mission ; il la contredit
s'il met la force publique au service d'une prétention injuste. Et, cependant, dans l'un et

dans l'autre cas, il ne saurait faire que le droit
ne soit pas. Le droit sera méconnu, c'est un
grand mal ; mais s'il fallait enlever aux gouvernements la réglementation de toutes les matières
où l'injustice est possible, les nations n'auraient
jamais eu de gouvernement.

Qu'on veuille bien le remarquer, nous raison-
nons ici sur une pure hypothèse. Nos lois sur le
mariage et celles de toutes les nations policées
sont sages, et ne prêtent pas à de sérieuses critiques. C'est pour une crainte chimérique, bien
plus, pour une crainte qu'on n'a pas, qu'on voudrait déposséder le pouvoir civil du droit qu'il a
toujours exercé de fixer l'état des particuliers;
Cette peur affectée cache mal une pensée d'en-
vahissement. Il faut se défier des gens qui prennent leurs craintes pour des griefs. Il est suspect,
celui-là qui se fait par anticipation la justice à
soi-même, dans la crainte qu'on ne la lui rende
pas.

Nous prendrons la question toutefois, non pas telle qu'il conviendrait de la discuter, mais telle qu'on la pose. Nous supposerons que la loi n'existe pas. Est-il vrai que le pouvoir civil soit impuissant à assurer le respect du lien conjugal?

L'histoire du droit montrerait le contraire. La loi civile a maintenu partout les conditions essentielles du mariage, et sur les points accessoires elle a suivi le progrès des mœurs et s'est pliée aux exigences de la religion.

D'ailleurs les prétentions ultramontaines d'aujourd'hui ne peuvent tendre qu'à l'une de ces deux choses : ou asservir le pouvoir civil au droit canonique sur la matière du mariage, ou le supprimer. Or dans la première supposition, les critiques élevées contre la puissance civile conservent toute leur force, et la seconde est irréalisable.

Qu'on en juge. Le pouvoir civil transcrira

dans ses codes les dispositions du droit canonique, nous l'admettons. Il acceptera tous les empêchements dirimants portés par l'Église et n'en
établira pas d'autres, soit : en un mot, il bor-
nera son rôle à promulguer, publier, rendre
obligatoires toutes les prescriptions canoniques,
Mais qu'y aurait-il s'il venait à les changer? Il
manquerait à sa mission, répondra-t-on ; il abu-
serait de la force dont il dispose ; son action ne
serait plus qu'un fait, et tous les efforts des catholiques devraient tendre à faire rentrer dans
son cercle légitime le pouvoir civil égaré. Eh !
c'est ce que nous disons du pouvoir qui en vient
à méconnaître le droit affirmé par la raison.

Toute la question, dans cette première hypothèse, n'est donc plus que de savoir quel est, de
l'autorité religieuse ou de la raison, le principe
d'action du pouvoir civil. Nous disons que pour
un pouvoir humain il n'y a qu'un droit, le droit
humain.

Mais le droit humain, naturel, philosophique,
comme on voudra l'appeler, est, ajoute-t-on,
susceptible d'autant d'interprétations qu'il y a de
dispositions d'esprit parmi les hommes. Grotius
ne pense pas comme Kant, Kant comme Wolff,
Wolff comme Bentham.

Qu'importe? cela fait-il qu'il n'existe pas et
qu'on soit dispensé de le chercher?

Gardons-nous bien aussi de rien exagérer et
de voir une différence de choses là où il n'y a
le plus souvent en réalité de différent que la ter-
minologie. Les principes de Grotius, de Wolff,
de Kant et de Bentham paraissent séparés par
des espaces infranchissables; et cependant tous
ces publicistes auraient signé le même code civil
et politique. D'où vient cela? c'est que chaque
homme porte en soi une notion du droit plus ou
moins précise. Le philosophe qui veut systéma-
tiser ses idées émet d'abord un principe absolu,
disons, si l'on veut, erroné; mais la force de la

vérité fait que ses déductions valent mieux que
son principe. Il est alors inconséquent sans le
savoir. Son œuvre n'est pas pour cela inutile; il
a avancé vers le but, et c'est le grand honneur
de l'esprit humain que de marcher, à travers ces
mille sentiers où il s'égare, va, revient, mais
finissant toujours par planter sa tente à un point
plus rapproché du terme, à la découverte de la
vérité.

Plaçons-nous maintenant dans l'autre hypothèse. Le pouvoir civil est supprimé; l'erreur
pour lui n'est plus à craindre : il a renoncé à
parler. La loi est muette à l'article du mariage.
Mais la condition civile du citoyen peut-elle rele-
ver d'une autre autorité que celle de la loi? Le
pouvoir qui tient le mariage tient tout C'est de
là que dérivent les obligations de famille, les
droits de la puissance paternelle, les droits civi-
ques, les droits de succession, etc. Se figure-t-on
la position de la puissance publique destituée de
la faculté de vouloir, et réduite à obéir aveu-

glément aux décisions d'une autorité étrangère?

Nous parlons d'obéissance, parce qu'en effet
c'est tout ce qui resterait au pouvoir civil déca-
pité. Le pouvoir religieux réglementant le mariage ne s'en tiendrait pas là ; dans cette
matière même, il ne lui serait pas possible de
s'arrêter. Une autorité qui fait la loi, et la fait
en vertu d'une délégation divine, ne peut confier
qu'à elle-même le soin de l'appliquer aux cas
particuliers. Juger, c'est participer à la puissance législative; or, si cette puissance est in-
communicable, le juge ne peut être autre que le
législateur lui-même.

Dans le système du gouvernement représen-
tatif, la puissance de juger est distincte de celle
de légiférer; mais aussi la loi n'est-elle considérée que comme une œuvre humaine, et la distinction des pouvoirs législatif et judiciaire
comme une garantie du droit individuel. Elle
implique, cette distinction, la subordination de

la loi au droit; elle n'est établie que pour la limiter, et au besoin pour en corriger les excès.
C'est, comme Montesquieu l'a fait remarquer,
un préservatif contre l'absolutisme, un noble
aveu que fait le législateur de sa faillibilité. Mais
elle ne se conçoit aucunement avec la nature d'un
pouvoir qui ne peut ni se tromper ni mal faire.
Dans une doctrine où le droit individuel est inconnu, où la règle ne se discute pas, parce
qu'elle est la parole de Dieu, où l'indépendance
du juge supposerait précisément la faillibilité de
la loi, les deux pouvoirs législatif et judiciaire
se confondent nécessairement. Voici donc une
conséquence forcée de la doctrine absolue que
nous discutons : l'autorité religieuse, qui aura
seule le droit de consacrer les mariages, aura
seule aussi le droit de juger toutes les difficultés
qu'ils feront naître.

Qu'on relève donc les tribunaux ecclésiasti-
ques dans un siècle où la liberté de conscience
est écrite au premier rang des droits, et l'on

sera, sinon sage et juste, au moins logique. Mais
le pouvoir civil, privé du droit de faire la loi et
de juger, ne sera plus qu'un instrument. Il cessera d'être chez lui ; disons mieux, il cessera
d'être, et une force armée obéissante, une com-
pagnie de gendarmes suffira à le remplacer.

Ce ne sont pas là des conséquences déduites à
plaisir et qu'on puisse contester. Le pouvoir de
juger les causes dont la matière ressortissait de
son autorité, a toujours été considéré par l'Église
comme un attribut inhérent à son droit même
de réglementation. Dans l'ancienne France, les
abus que son exercice pouvait entraîner étaient
réprimés par les parlements. Ce système mixte
tenait aux fameuses libertés gallicanes. Mais le
gallicanisme sur ce point, au moins, nous pen-
sons comme la faction ultramontaine) est un non-
sens, et l'erreur d'une doctrine apparaît peut-
être moins encore par son absurdité même que
par ses inconséquences obligées.

Nous arrivons aux libertés de l'Église et des catholiques, auxquelles libertés le mariage civil est, dit-on, un attentat.

Quand certaines gens parlent de liberté, le premier mouvement est celui de l'étonnement ; mais on ne tarde pas à se remettre, en pensant à ces industriels peu scrupuleux qui volent l'enseigne d'une boutique achalandée.

Qu'est-ce donc que cette liberté de l'Église, que le pouvoir civil ne pourrait rien faire sans violer ? L'Église cesse-t-elle d'être libre parce que le pouvoir aura assuré à tous les citoyens une position égale ? S'il en était ainsi, ses doléances sur une oppression imaginaire mériteraient peu d'être écoutées.

Allons au fond des choses. La liberté de l'Église, pour ceux qui la demandent si haut, n'est que l'omnipotence d'une faction. Sans doute, pour une puissance absolue, seule dépositaire

de la vérité et ne reconnaissant aux individus
d'autres droits que ceux qu'elle concède, la liberté n'existe qu'au prix de la soumission de
toutes les autres puissances ; ou plutôt nulle
puissance n'existe, individuelle ou collective,
qu'elle-même. Partager, c'est déchoir. Mais ce
n'est pas ainsi que la liberté a jamais été enten-
due. Loin de convenir à une autorité souveraine,
ne voyant le droit qu'en elle-même, elle suppose
deux autorités s'exerçant chacune dans son cercle légitime. La liberté, c'est le droit, mais le
droit limité par celui d'une puissance égale.
L'individu est libre respectivement à tel autre ; il n'est pas libre absolument. Qu'aurait
eu à faire de la liberté Robinson, seul dans son
île ? Il était plus que libre, il était maître.

Le sens du mot fixé, il devient évident qu'il
ne faut plus parler de la liberté de l'Église, mais
de sa toute-puissance. Il est vrai de dire alors
que toute loi civile sur le mariage touche à la
puissance illimitée de l'Église ; mais il faut ajouter qu'il en a toujours été ainsi.

Il n'y a donc qu'à savoir si la loi civile gêne
l'Église dans l'exercice légitime de son droit,
c'est-à-dire dans l'accomplissement de son devoir, tel que la conscience des catholiques exige
qu'il soit rempli. Or, on n'a jamais pu soutenir
sérieusement que le pouvoir civil, refusant son
concours pour contraindre les particuliers au
mariage religieux catholique, commette un attentat à la liberté.

Nous voudrions effacer de notre législation
l'article 54 des articles organiques du Concordat
de 1802, et les articles 199 et 200 du Code pénal. Ce n'est pas l'esprit de liberté, c'est-à-dire
de tolérance et de justice, qui les a écrits. Ils sont
l'œuvre d'un gouvernement aux yeux duquel le
droit était peu de chose. Punir le ministre du
culte qui procède au mariage religieux avant
l'accomplissement du mariage civil, d'une peine
qui peut aller jusqu'à la détention, réputée par
la loi afflictive et infâmante, c'est bien véritablement violer la liberté religieuse; il suffisait de

dénier au mariage seulement religieux tous effets
civils. Mais s'il y a là une rigueur injuste, qui
doit s'effacer tôt ou tard de nos lois, avec d'autant plus de raison que, dans la pensée du législateur même d'alors, elle n'avait qu'une utilité
momentanée [1], elle n'affecte pas l'ensemble du
système, et il restera toujours que la loi ne peut,
sans abdiquer, attacher des conséquences civiles
qu'aux seuls actes qu'elle connaît, qui relèvent
de son autorité, et dont les solennités sont ré-
glées par ses prescriptions.

En quoi donc maintenant le mariage civil en-
trave-t-il l'accomplissement du devoir du prêtre?
Serait-ce en ce qu'il établit ou peut établir des
empêchements dirimants autres que ceux de l'É-
glise, comme le permet cependant le concile de
Trente? Mais en réglant les conditions auxquelles
il subordonne tel ou tel avantage civil, dont l'É-
glise ne s'occupe pas, le pouvoir civil laisse au
prêtre toute sa liberté. Il statue *de re non litigata*.

[1] Voir note A à la fin.

Serait-ce en ne reconnaissant pas tous les empêchements dirimants du droit canonique? Qu'importe à l'Église les effets attachés à une union qu'elle réprouve? On n'exige pas qu'elle la consacre. Sa liberté n'est point atteinte parce qu'on applique, à une matière qui ne la concerne pas, des principes différents des siens sur les matières qu'elle régit.

Le mariage civil, qui n'engage pas la liberté de l'Église, n'atteint pas davantage celle des catholiques. Quand l'Église est libre pour l'administration des sacrements, les catholiques sont libres pour les recevoir, cela va de soi; une liberté ne va pas sans l'autre, elles sont corrélatives.

Nous oublions toujours, cela s'entend, les dispositions pénales qui atteignent les ministres du culte célébrant le mariage religieux avant le mariage civil. C'est un fait local, qui n'intéresse en rien la question du mariage discutée théoriquement.

On dit que les catholiques, en vertu du principe de la liberté religieuse, ont droit d'attendre
(avec un droit on n'attend pas, on agit, disons
donc d'exiger) de leurs gouvernants qu'ils sanc-
tionnent les droits et les obligations résultant de
leur foi religieuse.

Mais sanctionner des droits semblables et leur
prêter l'appui de la force, c'est abdiquer au profit du pouvoir religieux. Il serait donc plus simple, et surtout plus clair, de dire qu'il n'y a
d'autre autorité que l'Église. Il restera ensuite
à savoir si une telle prétention peut se soutenir
au nom de la liberté.

Mais le pouvoir civil ne doit pas seulement,
dans cette doctrine, sanctionner les droits des
catholiques ; il doit aussi sanctionner leurs obligations : de sorte que les catholiques cessent
d'être libres, si le pouvoir civil ne les force à agir
comme catholiques.

N'être libre qu'à la condition de pouvoir être
contraint, quelle logomachie!

Précisons cependant l'objection.

Deux époux s'engagent et contractent un mariage, nul aux yeux de l'Église, parce qu'il a eu
lieu au mépris d'un empêchement canonique dirimant. Le moment vient où l'un des deux,
mieux éclairé, veut faire cesser un état que sa
conscience réprouve. La consécration religieuse
est impossible; nul remède que la séparation.
Mais l'autre conjoint s'y refuse; il demande et
obtient, auprès de l'autorité publique, la conti-
nuation de l'adultère religieux, et voilà l'un des
deux époux, ordinairement le plus faible, contraint au mal, parce qu'il plaît à l'autre d'y per-
sister.

Ce concours de circonstances crée assurément
une position difficile pour une conscience scru-
puleuse; mais il ne faut point oublier que ce qui

y a donné lieu, c'est la volonté de celui-là même
qui s'en plaint.

Si le mariage qu'on suppose avait été contracté dans des circonstances telles qu'il fût un
acte criminel, il n'engagerait à rien. Le pouvoir
qui l'aurait consacré au nom de la loi pourrait
bien contraindre les époux à l'accomplissement
des obligations qui résultent d'un mariage véritable; mais l'exercice de son autorité coactive ne
serait qu'un fait. De droit, les époux seraient
libres, car ils n'auraient rien fait qui fût valable.
Il faut donc supposer, dans l'espèce, comme disent les jurisconsultes, un mariage valable au
regard de la morale universelle, sanctionné
comme tel par le pouvoir civil, et cependant
infecté, aux yeux de l'Église, d'un vice qui entraîne sa nullité. Telle est celle produite par
l'alliance spirituelle que le baptême forme.
Mais où serait la justice de rompre une telle
union contre la volonté de l'époux qui a reçu la
foi de son conjoint en échange de celle qu'il lui

a donnée? Que ce catholique repentant demeure dans un état que la religion a condamné, c'est un mal ; en serait-ce un moindre de s'affranchir des obligations de ce lien indissoluble que sa volonté a formé ?

On parle de la foi religieuse ; mais l'autre époux peut avoir aussi la sienne, et il a, de plus, l'engagement libre du conjoint réclamant.

Nous n'attachons pas une force plus grande qu'il ne faut à la chaîne qu'impose une parole donnée. La promesse de mal faire n'est obligatoire que dans les romans. Le serment n'établit un lien sacré que parce qu'il est un engagement pris avec soi – même en face de Dieu, dans le moment où la volonté est libre, pour le temps où elle ne le sera plus. Fait librement, il ne peut guère avoir que le bien pour objet ; il est un point d'attache pour cet instant prévu où toutes les forces morales, peut-être, viendront à défaillir. Mais, si toute promesse

ne forme pas un lien, au moins faut-il tenir
compte d'un engagement sur lequel un de nos
semblables a fondé son avenir. Au lieu d'un
époux menacé de l'abandon, placez une épouse
devenue mère, flétrie, souffrante, à qui sa foi
religieuse continue d'imposer des devoirs et conserve des droits, et dites quel sera le mérite du
sacrifice !

Nous discutons un cas de droit ; en voici un
autre, dont la solution doit être absolument
semblable.

Deux époux, appartenant à la religion réfor-
mée, s'unissent selon la loi civile et selon la
règle de leur foi religieuse ; l'un d'eux revient
au catholicisme et apprend que, d'après le droit
canonique, son mariage est infecté d'un empêchement dirimant. De bonne foi, pourra-t-il, au
nom de la liberté de conscience, abandonner son
conjoint? Sera-t-il violenté injustement, s'il est
contraint de satisfaire aux engagements qu'il a

pris? et la foi religieuse de l'époux abandonné
ne sera-t-elle comptée pour rien?

Si le pouvoir public contraignait le catholique
à l'exécution d'une promesse qui eût engagé ce
dernier seul, on pourrait réclamer au nom de la
liberté ; mais on ne le peut pas quand il s'agit
d'un acte qui est le produit de deux volontés, à
moins qu'il n'y ait de liberté et de mariage possible que pour les catholiques.

Bien plus, comme la liberté suppose un droit
égal avec lequel elle est en concours, ce ne serait pas sa liberté que le catholique mettrait au-
dessus de celle de son conjoint, mais sa volonté,
la faculté de se mouvoir sans entraves, selon les
prescriptions de son culte et les inspirations de
sa conscience.

La lutte ne serait pas entre deux libertés, c'est-
à-dire deux égalités, mais entre une volonté souveraine et un droit. Et cependant un droit en

vaut un autre, et qui dit liberté dit partage.

La question se simplifie, comme on voit. Il n'y a, en effet, qu'une raison, sous mille formes, dans tous ces discours des défenseurs exagérés de telle ou telle doctrine religieuse : c'est que, telle croyance étant la seule vraie, tandis que toutes les autres sont fausses, on doit tout y sacrifier. Mais il sera toujours monstrueux de contraindre pour ce qu'il y a de plus personnel, un sentiment ; et le pouvoir civil, qui ne peut mettre la force publique qu'au service du droit affirmé par la raison, fait abstraction de toutes les croyances, afin de pouvoir les respecter toutes.

Si cette proposition est vraie, que le pouvoir civil ne donne pas l'indissolubilité au mariage, parce qu'il n'a pas à créer ce qui existe de soi, tous les efforts tendant à substituer l'autorité religieuse à l'autorité civile demeurent sans objet.

Mais le pouvoir civil n'aura-t-il qu'à recevoir

la preuve du mariage en tant que contrat, et à en assurer l'exécution? Sans doute. Il enregistre, et c'est parce que son rôle est ainsi borné qu'on est mal venu à en contester la convenance.

A ce point, bien des réclamations s'élèvent. Le mariage n'est plus cet acte solennel qui commande le respect. Il perd de sa dignité; il est ravalé au rang de la vente et du louage. Il ne diffère du concubinage que par des garanties qu'on reconnaît n'être qu'un accident et qui peuvent venir à manquer.

Ce sont là des phrases et rien de plus. La noblesse d'un contrat synallagmatique réside dans la liberté des volontés qui le forment et dans la matière qui en est l'objet, non dans l'intervention d'un pouvoir extérieur. Il ne dépend pas de ce pouvoir de la communiquer. La religion la donne, mais seulement à ceux qui demandent son concours volontairement, non à ceux qu'elle contraint, non aux indignes.

Quant à cette assimilation du mariage civil au concubinat, il faut la repousser comme fausse de tous points. En vain les concubins auraient-ils pris mutuellement les engagements que le mariage suppose et qui font le mariage; leur défiance à l'égard du pouvoir public les rend suspects. L'homme qui veut tenir sa promesse n'hésite pas à en fournir la preuve; et si la stipulation corrélative lui confère un droit inamissible, il est sans excuse de ne pas s'en assurer l'exécution. Une ferme résolution de tenir son engagement ne supplée pas au devoir d'en donner un titre; et quand le pouvoir public détermine la forme du mariage, précise les conditions auxquelles il le reconnaîtra, fixe la preuve qu'il exige pour en garantir, le besoin échéant, l'observation, les prétendus époux qui se réfugieraient dans la fermeté supposée de leur volonté et dans une confiance réciproque, ne seraient plus que des contractants sans foi, car ils se préparent ou s'exposent à la violer.

Qu'on ne parle donc pas de concubinat à propos du mariage civil. Les époux qui se marient
légalement sont plus que des concubins engagés
mentalement. Ils ne sont plus au rang de ces
acheteurs de mauvaise foi qui se refusent à donner des arrhes pour se ménager la possibilité de
rompre le marché. Ils ont fait librement un serment public qui les oblige. Ils ont eu cette noble
confiance, de se donner mutuellement des garanties contre eux-mêmes.

Et maintenant, le mariage ainsi contracté, la
religion n'aura-t-elle rien à faire? A Dieu ne
plaise! Nous n'avons parlé du mariage religieux
qu'accessoirement; il doit être l'objet d'un exa-
men particulier.

III

DU MARIAGE CATHOLIQUE.

Le mariage catholique est un sacrement. En-
visagé comme tel, il relève uniquement de l'autorité de l'Église, qui, pouvant seule dispenser
les sacrements, a seule aussi le droit de fixer les
conditions auxquelles elle les confère.

L'omnipotence de l'Église en matière de sacrement n'a jamais été contestée. Le pouvoir civil
s'est toujours reconnu le droit d'intervenir pour

réprimer des actes émanant de l'autorité religieuse *de nature à troubler arbitrairement les
consciences*, comme parle la loi organique du
Concordat; mais il n'a jamais encouru le repro-
che de s'immiscer dans les matières ecclésiasti-
ques. Comment donc arrive-t-il que des catholiques trop ardents essaient de déposséder le
pouvoir civil, au nom de la sainteté du mariage ;
ou plutôt comment, de bonne foi, comme il faut
le supposer, peuvent-ils confondre deux puissances exerçant leur empire chacune sur des objets différents? Par l'effet, disons-le de suite, de
cette préoccupation qui ne permet pas de distinguer dans un acte complexe les deux éléments
qui le composent. On donne le même nom au
sacrement même et à l'acte qui le prépare; on les
mêle sous une même étiquette ; on bâtit ainsi un
système sur une amphibologie, et l'on raisonne,
on discute, on conclut sur une équivoque.

Expliquons-nous sur une distinction nécessaire, qu'on essaie en vain de repousser, parce

qu'elle est le point de départ de tout système qui sépare les deux autorités religieuse et politique, tout en respectant la liberté des consciences.

Le mariage catholique n'est pas un acte simple. La volonté des époux, se manifestant par une déclaration expresse, en est un élément, et l'intervention de l'Église, qui confère, à proprement parler, le sacrement par la bénédiction du prêtre, en est un autre. Comme le sacrement doit reposer sur quelque chose, et que l'Église, dans son indépendance, ne doit foi qu'aux actes qu'elle reçoit, il allait de soi que le prêtre, qui confère le sacrement, reçût le contrat. Dans la doctrine de l'Église, il y a donc mariage et sacrement quand les deux choses concourent, tandis qu'il n'y aurait ni mariage ni sacrement là où l'une des deux viendrait à manquer. Mais l'indivisibilité de ces deux actes qui apparaissent unis, parce qu'ils sont la condition l'un de l'autre, n'empêche pas qu'on ne puisse les distinguer. Et quand le pouvoir civil prend, dans cet acte complexe, le consentement mutuel des époux, que les théologiens appellent la *matière* du sacrement, pour le régler et déduire dans la loi positive les effets civils qu'il produit naturellement, c'est tourner sur un jeu de mots que de crier à l'usurpation.

La vérité est que l'autorité catholique n'a pu rien changer au contrat civil. Elle a communiqué une sorte de sainteté, *aliquod remedium sanctitatis*, comme dit saint Thomas [1], à un état qui ne serait par lui-même qu'un état de péché. Le sacrement, enté sur le contrat, en a assuré la dignité; mais, avant la bénédiction de l'Église, il y a deux volontés engagées, c'est-à-dire quelque chose qui s'appellera du nom qu'on voudra lui donner, sur quoi le sacrement opère, et qui n'est pas le sacrement.

On dit que le contrat-sacrement étant indivisible, le pouvoir civil ne peut y toucher sans

[1] *Tertiæ partis sum. theol. suppl.* Quæst. XLII, art. 1.

porter la main sur une chose sainte. C'est abuser singulièrement des mots. L'Église ne reçoit
le contrat qu'en vue du sacrement; donc le pouvoir civil doit recevoir aussi le contrat en vue
des effets civils qu'il y attache.

Ce que nous disons n'a rien de contraire à la
plus stricte orthodoxie. Tout au plus serait-ce en
contradiction avec les points discutables de la
doctrine avouée par l'Église. Le concile de
Trente prononce l'anathème contre ceux qui refusent au mariage le caractère de sacrement institué par Jésus-Christ; qui autorisent la polygamie parmi les chrétiens; qui contestent à l'Église
le pouvoir d'établir des empêchements dirimants;
qui lui enlèvent le droit de connaître des causes
du mariage [1], etc. Mais il parle aux évêques, aux
prêtres, aux fidèles, non aux puissances temporelles. Cela est si vrai, que le même concile, qui
avait d'abord songé à réserver à l'Église *seule* le
droit d'établir des empêchements dirimants,

[1] *Sessio,* xxiv. *De sacramento matrimonii, cap.* 1, 2, 4, 12.

changea la rédaction du quatrième canon, sur
l'observation d'un des prélats, que ce serait attenter aux droits des gouvernements. Ce changement était assurément inutile, le concile ne
s'occupant que du mariage-sacrement ; mais, par
cela même qu'il était inutile, il montre la pensée
du concile, qui était de distinguer le contrat de
l'acte religieux. Le concile formule seulement la
doctrine catholique en face de celle de la Réforme, alors nouvelle, qui avait rayé la bénédiction du prêtre donnée aux époux du nombre des
sacrements. Aussi ne prononce-t-il l'excommunication que contre les princes et les magistrats
qui abusent de leur autorité pour contraindre
ceux qui vivent sous leur obéissance à se marier
malgré eux : *quos cogunt quo minus libere ma-
trimonia contrahant* [1].

C'est donc une pure subtilité que d'argumenter
contre le pouvoir civil de la prétendue indivisibilité du contrat-sacrement. Les deux actes qui le

---

[1] *Decretum de reformatione matrimonii*, cap. IX.

constituent sont unis, mais restent distincts, non
confondus ; ils sont joints, non mêlés. Le pouvoir civil ne fait qu'attacher des effets civils à
cette même volonté réciproque qui unit les époux
et qui a formé ou formera la matière du sacrement ; pour cela il demande qu'on la répète,
c'est bien le moins qu'il puisse exiger. L'Église,
par la bouche de ses théologiens autorisés, n'a jamais eu qu'un sentiment : c'est que le sacrement
n'est pas destiné seulement à bénir un mariage
existant déjà par soi-même, mais est le complément nécessaire du contrat ; de telle sorte que, le
sacrement manquant, le contrat n'est point obligatoire. Cela se comprend. Toute autorité indé-
pendante peut déterminer les conditions de validité des droits qu'elle sanctionne. L'Église,
juge des cas de la conscience, le peut plus que
toute autre. Mais elle en use en laissant saufs les
droits du pouvoir civil, et quand une faction
dans l'Église veut réglementer le contrat avec le
sacrement, parce qu'il lui plaît de les confondre
sous une même dénomination, il est bien per-

mis de réclamer pour rendre à chacun son droit.

Maintenant nous ajouterons qu'une décision contraire de l'Église, sur le point contesté, n'aurait rien d'obligatoire, par la raison que l'Église peut bien imposer un dogme, mais ne peut rien prescrire en matière de raisonnement.

Le catholique qui répond : Je crois, à tous les articles de foi, peut demeurer en paix. Toute autre chose ne relève que du sens commun [2].

Il résultera de tout cela, sans doute, que le pouvoir civil pourra déclarer obligatoire un acte que l'Église considérera comme non existant, et de même en sens inverse ; mais c'est la question. Or l'Église n'a pas plus à s'occuper des contrats civils, quels qu'ils soient, que le pouvoir civil des actes religieux, et il serait monstrueux que l'anathème fût prononcé contre ceux qui pensent seulement que le pouvoir civil peut

[2] Voir à la fin, note B.

être quelque chose, et peut se refuser à attacher des effets civils à certaines unions sanctionnées par l'Église.

Loin de nous encore une fois la pensée de porter la moindre atteinte à la vénération que commandent les décrets *constitutionnels* de la plus haute autorité qui fût jamais. A parler des empiétements d'une secte qui se dit l'Église, on n'offense pas l'Église; c'est encore son autorité que l'on défend. Nul pouvoir n'a mieux connu la sainteté du mariage. Les religions ont partout accompagné de prières la formation du lien conjugal; la religion catholique seule l'a sacré. Ce n'est pas la moindre de ses gloires que d'avoir attaché à tous les états une grâce, et par cela même une espérance qui relève l'homme de sa propre faiblesse. Les fausses religions n'ont pas connu les sacrements; les philosophies ont humilié l'homme ou l'ont enivré d'orgueil. Il appartenait à la religion chrétienne de lui montrer sa grandeur et son néant, comme dit Pascal; de

l'élever et de l'abaisser tout à la fois pour le pré-
server des excès du désespoir et de l'enivrement,
et de faire jaillir auprès de lui, à tous les pas de
sa vie, la source d'une assistance divine pour
l'accomplissement du devoir que sa loi lui impose.

C'est ce qu'a fait la religion catholique pour
l'homme de tous les états. Rien de plus consolant, en particulier, que le sacrement du mariage, qui fait l'application des mérites du Fils
de Dieu à l'état qu'embrassent les nouveaux
époux!

Le premier homme, déchu de sa félicité première, et la faute du père commun étendue sur
les enfants : voilà le dogme fondamental sans
lequel rien ne s'explique ici-bas, ni l'homme ni
sa destinée, son présent, son avenir, ses pen-
chants, ses instincts, ses croyances naturelles,
ni même ce qu'on appelle ses préjugés, le dogme
que tout révèle, *où notre condition prend ses re-*

tours et ses plis [1], et auquel l'incrédule, sans s'en douter, fait acte de foi vingt fois dans un jour.

Le Fils de Dieu, lui-même Dieu, incarné une fois pour souffrir et mourir pour le rachat de tous : voilà le mystère qui ramène l'homme à Dieu.

Les mérites de la passion et de la mort de Jésus-Christ applicables à tous, mais communiqués à chacun seulement avec les signes que Jésus-Christ a institués lui-même : voilà le principe des sacrements, qui procurent en même temps le don surnaturel de la grâce nécessaire à l'accomplissement de la loi.

L'institution sacramentelle du mariage a ennobli le contrat par l'idée de l'austérité et de la sainteté des devoirs qu'il impose. La religion catholique montre une cause de salut ou de

[1] Pascal. *Pensées*, IIe partie, art. v.

mort, selon l'usage que l'homme fera du sacrement, là où le paganisme n'a vu qu'une source
de satisfactions pour le cœur et les sens. C'est
son honneur d'avoir empreint le contrat de mariage d'un caractère vraiment sacré. Nous n'en
dirons jamais assez. Mais hâtons-nous d'ajouter
que les croyances religieuses, si saintes qu'elles
soient, ne s'imposent pas. La religion est pour
l'homme un moyen plutôt qu'un but; et si le
pouvoir public ne peut rendre juridiquement
obligatoires tous les devoirs moraux, encore bien
moins peut-il exiger que l'homme se place, par
sa croyance religieuse, dans les conditions propres, selon les conjectures, à lui en faciliter la
pratique.

Tel est le grand principe qui domine les rapports de l'Église et de l'État. La liberté pour l'É-
glise dans l'enseignement et dans la collation
des sacrements; la liberté de conscience pour les
particuliers; l'incompétence religieuse du pouvoir civil, qui ne peut intervenir que là où appa-

raît une violation du droit : tout se résume dans
l'indépendance réciproque des deux pouvoirs
civil et religieux.

Maintenant la loi sera-t-elle athée ?

Oui, et elle doit l'être. Athée, en ce sens que,
formulée par un pouvoir humain et ne disposant
que de moyens humains, elle ne peut parler
qu'au nom de la raison.

Mais la raison est un guide trompeur, dit-on ;
d'elle-même elle ne se serait jamais élevée à la
conception des vérités sur lesquelles ont vécu,
sinon les sociétés, au moins les hommes de tous
les temps. Les plus grandes verités de la philosophie païenne n'étaient que des débris de la
révélation.

Il est difficile de traiter accessoirement une
question dont les développements dépasseraient
de beaucoup les bornes de ce travail. Cherchons

toutefois ce que l'objection peut avoir de fondé.

L'homme n'a jamais rien inventé : c'est une
vérité dont on peut convenir, sans se ranger dans
la tourbe des détracteurs aveugles de la raison.
Il n'invente pas plus dans l'ordre intellectuel et
moral qu'il ne crée dans l'ordre physique. Tous
les efforts de sa raison ne peuvent tendre qu'à
reconnaître la vérité et l'existence là où elles se
manifestent. Mais au moins faut-il admettre que,
dans son domaine ainsi circonscrit, la raison est
souveraine, c'est-à-dire infaillible, autant qu'aucune autorité peut l'être ici-bas. Elle ne se fût
jamais élevée seule à l'idée de Dieu, mais elle le
reconnaît à ses œuvres. Elle n'eût pas conçu la
perfection de la morale évangélique, mais elle
acquiesce à ses préceptes. Elle ne se meut pas
spontanément, mais elle comprend, distingue,
compare, juge et prononce.

Or, qu'est-ce que la loi, dans l'acception la
plus large du mot? Montesquieu en a donné une

définition exacte, quoique obscure, quand il l'a
appelée le rapport nécessaire qui dérive de la nature des choses. Ce n'est, en effet, qu'une nécessité qui diffère seulement selon la nature des
objets qui la font naître : matérielle pour les
choses physiques et les êtres privés d'intelligence, morale pour ceux à qui il est donné de
comprendre et de vouloir. Mais l'homme n'est
pas dans l'impossibilité de connaître la loi qui le
régit. Il se trouverait, cela étant, à un degré au-
dessous de la brute, car celle-ci suit sa loi en
obéissant fatalement à ses instincts. Il est libre,
il doit juger et choisir.—Comment?—De la seule
manière que cela lui est possible, en observant
les rapports qui lui apparaissent comme des nécessités, et en concluant à la loi.

Donc, quand il trouve dans sa conscience le
principe du devoir, il conclut au droit, c'est-à-
dire à la faculté d'accomplir sa loi, en écartant,
dans ce but, tous les obstacles que lui susciterait
une volonté étrangère.

Le principe du droit est ainsi dans la raison,
non ailleurs. L'individu n'a de droit qu'en raison des devoirs que sa conscience lui impose;   .
en sens inverse, nul n'a contre lui qu'un droit
semblable; car le devoir étant identique, le droit
est égal.

Tel est le droit individuel, dont on n'arra-
chera jamais le sentiment du cœur humain; et
telle est la raison, son seul guide, sa seule lumière, même quand il la captive, comme dit
Bossuet, sous d'impénétrables mystères. Qu'on
récrimine autant qu'on voudra, elle sera toujours
l'autorité qu'on invoquera, car il n'en est pas
d'autre. On peut contester la prétention qu'elle
aurait de se suffire à elle-même; mais il n'est
pas possible de la récuser comme juge. Elle force
l'hommage de ceux-là mêmes qui l'attaquent.
C'est à la conscience du pécheur que le prêtre
catholique, par une inconséquence obligée, fait
appel au tribunal de la pénitence. Dans la chaire,
c'est au nom de la raison qu'il commande la

soumission à la révélation. C'est toujours à la
raison enfin qu'on s'adresse pour juger le
dogme, l'expliquer, le justifier et le défendre.

Attaquer la raison par la raison, c'est une
grande contradiction. C'est l'acte impie de ce roi
sans foi qui, après la victoire, immolait ses alliés.

Les législations théocratiques n'ont jamais
connu la modération ; elles ont méconnu, dans
l'homme, sa dignité, sa liberté. Or, un pouvoir
humain, c'est-à-dire faillible, ne peut parler au
nom de Dieu. Commander, permettre, défendre,
et par conséquent punir sans nécessité, c'est en-
treprendre sur sa miséricorde et préjuger sa justice.

Dieu n'a pas besoin de vengeurs. C'est un bien
fol orgueil que de songer à s'ériger juge en son
lieu.

Par une étrange contradiction, l'Église, qui

n'a jamais damné un pécheur, a permis de brû-
ler des hérétiques.

Nous supposons l'offense certaine, constante ;
nous admettons par hypothèse qu'il y a, dans
l'État, seulement une foi, une croyance. Que ne
seraient point autorisés à dire ceux qui soutien-
draient de bonne foi que la vérité est ailleurs et
avec eux ?

En dernière analyse, que demande-t-on? que
les catholiques fassent par contrainte ce qu'ils
font volontairement? que la loi civile leur impose un sacrement qu'ils veulent recevoir et
qu'ils recevront, par la raison que le mariage
sans le sacrement serait pour eux un sacrilége ?
Le commandement de la loi est ici au moins inutile.

Serait-ce que le sacrement fût imposé même
aux partisans des cultes dissidents? Alors la loi
serait tyrannique. Et que serait la liberté ?

Une loi inepte ou une loi barbare, voilà l'alternative où il faut choisir.

S'il fallait scruter le sentiment, qui sait? peut-être inconnu, qui dicte les prétentions que nous combattons, il serait bien à craindre qu'on ne trouvât une passion essentiellement terrestre, l'orgueil, le besoin de dominer et de faire sentir sa puissance. Une autorité toute spirituelle est peu de chose au regard des hommes; elle ne parle pas aux yeux. La marque de la puissance, ce sont les faisceaux, c'est le glaive. Rendre des décrets et des sentences qui pourront demeurer sans exécution ici-bas, c'est exposer son autorité; on le croit du moins. Et voilà pourquoi l'arme de la persuasion et le sentiment des vérités qu'on annonce ne suffisent pas. La bonne volonté des prosélytes n'est pour rien comptée, si l'on n'a aussi contre eux la puissance co-active.

On pourrait insister sur ce point, s'il n'était un

autre sentiment plus noble qui pousse l'homme
animé d'une forte croyance au-delà des limites du
droit. Être et se savoir le dépositaire de la vérité,
et choisir parmi les moyens propres à la faire
triompher, cela suppose une impartialité que
tout croyant ne peut avoir. La foi religieuse s'a-
dresse au sentiment, et la passion mêle vite ses
excès aux déterminations de la raison. Mais l'excès de zèle, excusable quand il sait encore s'arrêter, soulève l'horreur s'il arrive au fanatisme.
Et c'est pourquoi la constitution des sociétés
modernes a pour principe la tolérance civile qui
laisse aux religions toute liberté, et à la religion
catholique en particulier le mérite de vivre et
de vaincre par sa propre vertu.

La tolérance civile n'enlève rien à l'autorité
de l'Église; elle lui laisse l'intolérance ecclésiastique qui est son droit. Toute religion est into-
lérante et doit l'être, en ce sens que celle, qui
reconnaîtrait la vérité ailleurs, la nierait chez
elle, ou ne serait plus une religion. On aurait un

corps de doctrine, une opinion, et non quelque chose qui *relie,* comme le mot l'indique. Mais l'intolérance, légitime dans l'Église, ne saurait l'être dans le gouvernement; elle demeure dans l'enceinte du temple et n'en franchit pas le seuil. Quand le pouvoir civil écrit l'intolérance dans la loi, il se suicide et cesse d'être. Pour être logique, il doit de fait abdiquer.

Les avocats de l'ultramontanisme se font une étrange idée de la tolérance et de la liberté. Ne pouvant répudier le mot, bien qu'ils l'aient proscrit jadis, ils songent à l'utiliser en dénaturant la chose. La liberté religieuse est bien la faculté d'accomplir les devoirs religieux que la conscience impose, mais elle n'appartiendrait qu'à ceux qui se soumettent à des devoirs religieux : d'où il suit que le sacrement du mariage, imposé de force à ceux qui ne voient dans le mariage qu'un contrat civil, laisserait entière cette liberté.

C'est une explication qui, à défaut d'autre
mérite, a du moins celui de la nouveauté; mais
est-ce bien sérieusement qu'on la donne? Quoi!
la liberté, c'est-à-dire l'affranchissement de
toute contrainte extérieure, sauf les cas où le
droit a été méconnu, n'existerait que pour celui
qui agirait de manière à rendre la contrainte inutile! On a cru jusqu'à présent que le caractère
d'une législation libérale était de n'agir que
contre ceux qui violent le droit; ce serait une
erreur. Le droit n'existerait plus pour l'inaction.
La liberté de parler ne comporterait pas le droit
de se taire. La faculté de se mouvoir n'emporterait pas celle de demeurer assis. La propriété
existerait pour user et jouir, non pour conserver.
Dans l'absurde où serait-il permis de s'arrêter?

C'est un triste spectacle que les efforts des esprits qui s'ingénient à concilier des choses in-
conciliables avec des mots détournés de leur si-
gnification naturelle. On dira, par exemple, avec
une apparence de gravité, que les catholiques

ont droit à ce que le pouvoir public ne les porte
pas au mal par le spectacle de l'impunité accordée
au sacrilége ; à ce qu'il ne permette pas que des
dissensions se forment dans la nation et les fa-
milles ; à ce qu'il ne scandalise pas par une profession légale d'incrédulité, etc., etc.

> Par de pareils objets les âmes sont blessées,
> Et cela fait venir de coupables pensées.

Tous ces beaux droits sont demandés au nom
de la liberté religieuse ; comme si le respect de
la liberté de tous était une attaque au droit de
quelques-uns, et comme si le pouvoir public, qui
n'intervient que pour venger le droit violé, était
répréhensible aux yeux mêmes de ceux dont il
respecte la légitime indépendance !

Il ne faut rien moins que la passion haineuse
et concentrée d'un temps de barbarie se jouant
dans le désordre intellectuel d'une époque de ré-
novation, pour produire de telles pensées pré-
sentées dans de tels termes : résultat hybride

vraiment monstrueux, que les haines d'un seul
temps n'auraient pas suffi à produire!

Au surplus, la lutte engagée entre l'esprit théocratique et l'esprit de liberté ne paraît pas près
de finir. La question du mariage n'est qu'une des
faces d'une question plus haute où s'agitent les
droits de l'autorité et ceux de l'individu ; et là on
discutera encore bien longtemps sans s'entendre.
Parler de droit à une puissance qui se croit op-
primée dès qu'elle cesse d'être omnipotente, qui,
dans ses accès de vertige, nie le droit ou ne le voit
qu'en elle-même, c'est tenir un langage qui ne
peut être entendu ; et plutôt que de tourner dans
un cercle vicieux, comme on dit dans l'École, la
sagesse commande de suspendre la discussion,
en attendant cet effet immanquable du temps, de
calmer l'ardeur qui fait osciller les esprits d'un
excès à l'autre, de laisser l'erreur tomber d'elle-
même, et cette vérité, que dans la lutte chacun
revendique pour soi, apparaître à tous dans son
triomphe définitif.

IV

DU MARIAGE CIVIL ET RELIGIEUX.

Le code civil des Deux-Siciles a adopté sur
la question du mariage un système mixte. La
constatation du mariage par le pouvoir civil seul
ne suffit pas ; ce n'est qu'une promesse, donnant
lieu seulement à des dommages-intérêts contre
celui des époux qui refuse, sans motifs, de la ratifier devant l'Église. D'un autre côté, la solennité religieuse seule ne produit aucun effet. Il
n'y a mariage qu'autant que les deux autorités

ont concouru et que le contrat a reçu la double sanction du pouvoir civil et de l'Église selon les prescriptions du concile de Trente.

Les dispositions relatives au mariage dans le code des Deux-Siciles sont ainsi conçues :

« Art. 67. Le mariage ne peut être légitimement célébré que devant l'Église suivant les formes prescrites par le concile de Trente. Les actes de l'état civil sont essentiellement nécessaires, et doivent précéder la célébration du mariage pour qu'il produise ses effets civils tant à l'égard des époux qu'à l'égard des enfants.

« Art. 148. La promesse de mariage n'a d'effet légal que lorsqu'elle est faite devant l'officier de l'état civil... Elle donne lieu en cas d'inexécution à la réparation en dommages-intérêts contre la personne qui n'a pas donné de motifs raisonnables de refus.

« Art. 189. Le mariage non célébré en présence de l'Église dans les formes prescrites par le concile de Trente ne produira pas d'effets civils, ni à l'égard des époux ni à l'égard des enfants. Il en est de même de celui qui aurait été célébré en présence de l'Eglise sans avoir été précédé des actes prescrits... »

On a proposé d'amender ce système de manière que chaque couple fasse consacrer son mariage par le ministre de sa religion, et l'on croit concilier ainsi l'indépendance de l'État avec le principe qu'on n'oserait contester de la liberté des cultes.

Cette doctrine a trouvé dans ces derniers temps d'ardents panégyristes [1], et cependant elle pourrait bien n'avoir que le sort de toutes les tentatives de conciliation.

---

[1] Voir l'opuscule de M. Sauzet : *Observations sur le mariage civil et le mariage religieux.*

En effet, en politique, le système des Deux-
Siciles corrigé ne paraît pouvoir donner qu'une
satisfaction bien illusoire à des exigences que l'on
a toujours vues se modifier selon les temps. En
droit, il n'est qu'une transaction, un expédient,
ce qui n'a jamais compté comme une solution.

Qui donc peut-il satisfaire? Ce ne sont pas les
catholiques exagérés dont nous venons de com-
battre les doctrines. Il n'est pas une de leurs objections contre le mariage civil qui ne s'appli-
quât à la combinaison qui donne à tous les cultes
une place égale. La loi civile continue de demeurer toute-puissante; le mariage conserve
son caractère de contrat; le droit de faire des
lois contraires aux lois de l'Église reste le droit
du pouvoir temporel; la prétendue liberté de
l'Église n'est pas plus respectée; les prétendus
droits des catholiques ne sont pas mieux recon-
nus. Il y a de plus cette aggravation, aux yeux
de ces mêmes docteurs, ce sacrilége, de mettre
tous les cultes, toutes les sectes, au même rang

que la religion dont ils se disent les seuls et vrais représentants.

Satisfera-t-on au moins les partisans des sectes dissidentes? Ce serait une satisfaction inutile, car ceux-ci n'ont jamais rien demandé.

Ce système, comme on le reconnaît, n'aura qu'un résultat, de mettre Dieu, un Dieu quelconque, disons donc l'idée de Dieu, dans la loi.

C'est donc toujours la question de savoir s'il ne suffit pas que la loi soit raisonnable, déclarant le droit tel que la raison, la pauvre raison humaine l'affirme, ou si elle ne doit pas être empreinte d'un caractère théocratique à un degré plus grand ou moindre.

Qu'on ne dise pas, à titre d'argument, que la consécration religieuse est, d'après le sentiment de tous les hommes, la vraie, la seule sanction du mariage. Cela n'a jamais été contesté. Sans doute, les mœurs allant au-delà de la loi font du mariage religieux le mariage véritable ; mais la question est celle-ci : La foi s'impose-t-elle? Le domaine impénétrable de la conscience est-il celui de la loi? Le législateur humain, en un mot, a-t-il qualité pour intervenir dans les rapports de l'homme avec Dieu?

L'apologiste de la législation des Deux-Siciles, prenant la justification commune du système français : « Il n'y a rien à faire ; les mœurs, auprès du peuple, ont remplacé les lois, » répond : « Tant mieux pour les mœurs, mais tant pis pour les lois. La mission des lois est d'aider, de soutenir et d'accroître la puissance des mœurs, non de les énerver, de les amollir et de les corrompre. »

Corrompre, le mot est dur. Que dirait-on de plus d'une loi qui défendrait ce dont cette loi qui *corrompt* assure et garantit cependant l'accomplissement? Quoi! une loi est corruptrice, parce qu'elle laisse la pratique religieuse à l'arbitre des

particuliers! Elle corrompt quand elle se tait!
Tout au plus pourrait-on l'accuser d'une incurie
coupable.

On dit que la mission de la loi est d'accroître
la puissance des mœurs; mais comment? Si, c'est
en veillant à ce qu'elles se développent dans
toute leur pureté, et à ce que nul n'y porte atteinte chez autrui, tout le monde est d'accord.
La loi fait respecter le droit; et le droit, c'est le
devoir moral se pratiquant librement, sans entraves, à l'abri des attaques du vice et de la mé-
chanceté. Au premier rang des droits et des
devoirs, chacun placera l'hommage à Dieu, la
prière, qui doit appeler sur les nouveaux époux
la grâce divine et procurer la consécration de
leur union. Mais si l'on entend que la loi doive
aller plus loin et descendre dans la conscience
de l'homme avec l'espérance chimérique d'y faire
germer des vertus, il faut répondre que c'est lui
commettre un soin qu'elle n'eut jamais.

7

Il y a toujours dans ces récriminations contre la loi, qui s'élèvent aux époques de crise sociale, une grande injustice. C'est la faute des partisans du socialisme, dont bien des gens suivent les erreurs sans le savoir. Il semble que la loi soit coupable des excès qu'il ne lui est pas donné de prévenir. On la charge d'une responsabilité que les hommes, avec plus d'équité, revendiqueraient pour eux-mêmes. On veut aujourd'hui qu'elle moralise les hommes ; hier il fallait qu'elle les nourrît. Tirée en sens contraires, selon le mouvement oscillatoire auquel on obéit, elle est en butte aux accusations les plus opposées, comme si elle devait être l'instrument toujours prêt de la passion du moment. C'est, répétons-le, une grande injustice. Ne lui demandons pas plus qu'elle ne peut donner. Ce qui fait son autorité, sa force, c'est son immutabilité ; et c'est parce que la loi ne peut varier sans cesser d'être la loi, qu'elle se prêtera toujours mal, quoi qu'on fasse, aux excès et aux fantaisies des réactions.

La loi devra cependant, comme on parle, aider, soutenir et accroître la puissance des mœurs. Soit; mais quelle sera la mesure de son action? Devra-t-elle toujours ordonner, au danger de n'être pas écoutée, et contraindre, au risque d'être méprisée ou de provoquer la résistance? On ne va pas jusque-là, et l'on n'a pas pour elle des prétentions aussi hautaines. La loi, plus accommodante, devra se plier aux nécessités des temps, suivre le progrès des mœurs, départir ses rigueurs en proportion inverse de l'utilité qu'il y a à ce qu'elle se montre rigoureuse, indulgente ou sévère, mais d'une sévérité qui n'expose pas, selon qu'elle trouvera les esprits moins ou mieux disposés à accomplir volontairement ses prescriptions.

Voici les deux lignes qui résument avec le plus de précision cette singulière philosophie sociale : « La loi qui reste en arrière des mœurs déserte l'éternelle mission du législateur, qui s'applique à rendre les hommes meilleurs, et ne s'expose jamais à les faire pires. »

Passons sur le gros mot.

Où va-t-on avec ces théories complaisantes qui imposent à la loi le rôle ridicule de parler à grosse voix seulement quand ses commandements sont inutiles? Quoi! le législateur, comme le bonhomme Chrysale des *Femmes savantes*, devrait intervenir toujours pour ordonner un fait accompli ou convenu!

> Allons, Monsieur, suivez l'ordre que j'ai prescrit,
> Et faites le contrat ainsi que je l'ai dit.

Il attendrait, pour commander ou défendre, un progrès, un mouvement qui rendît ses prescriptions possibles, mais aussi sans objet! Singulière idée d'égaler la dignité du législateur à celle des Gérontes de la comédie!

Parlons sérieusement : la loi, qui n'est que l'expression du droit, est absolue. Il n'y a pour elle ni temps, ni lieux; elle est la même ici et là, et aujourd'hui ce qu'elle était hier. Lui donner un

caractère mobile, c'est la faire l'expression d'une
création purement humaine, c'est la nier. Sans
doute, le droit se manifeste différemment selon
les mille circonstances qui dirigent l'activité de
l'homme vers un but ou un autre; mais ses
principes fondamentaux sont partout identiques.
Pour ne citer qu'un exemple pris dans notre sujet, l'âge du mariage varie selon les climats ;
mais le principe est partout le même , c'est
que le mariage n'est possible qu'à l'âge de pu-
berté. Or, quand on part de ce point, que la
loi peut subir des transformations et obéir à des
courants d'idées; quand on la soumet à toutes
les fluctuations de l'opinion, on l'énerve pour la
faire agréer; on lui enlève la seule marque à laquelle les hommes reconnaissent la puissance
légitime, l'immutabilité, la constance; on sape
la base du respect qu'elle doit inspirer, et l'on
prépare les excès contraires à ceux auxquels on
s'abandonne.

Le législateur, dit-on, doit s'appliquer à rendre les hommes meilleurs, non s'exposer à les faire pires. Eh! c'est précisément le danger qu'il court quand il se donne une mission qui n'est pas la sienne. Il ne faut pas lire beaucoup l'histoire pour reconnaître que presque toujours, quand la raison générale a dévié de sa route, c'est qu'un pouvoir humain avait entrepris de la conduire.

On dit : Dieu ne doit pas être absent des lois. Mais qui donc a qualité pour l'y mettre ? Les catholiques ultramontains sont conséquents ; ils mettent Dieu dans la loi ; mais, pour eux, il n'y a d'autre loi que celle de Dieu promulguée par l'Église Dieu est dans la loi avec tous ses attributs, dans toute sa puissance, et la loi est franchement et complétement théocratique. Les apologistes du code des Deux-Siciles, corrigé, au contraire, mettent dans la loi un Dieu tronqué, incomplet, et tel qu'il plaira à chacun de l'imaginer. On essaie de donner satisfaction à tous les cultes, mais par un triste expédient, celui d'une équivoque.

Quelle est la loi la plus respectueuse pour les religions, de celle qui déclare son incompétence vis-à-vis de toutes, ou de celle qui donne à toutes la satisfaction illusoire de parler de Dieu sans dire lequel? Juifs, mahométans, luthériens, calvinistes, anabaptistes, sectateurs de tout culte, partisans de toutes sectes, tous pourront reconnaître dans la loi leur Dieu; et le législateur croira avoir satisfait aux exigences de tous, en montrant, comme la chauve-souris de la fable, tour à tour, selon les cas, ou son poil ou son plumage !

Disons que cette équivoque ne pourrait durer chez un peuple dont l'esprit perçant découvre vite la chose sous le mot, et est accoutumé à déduire d'un principe toutes les conséquences qu'il enferme. Le législateur, dans le système proposé, ne ferait pas une profession de pur déisme; il ferait appel à toutes les religions; et il aurait raison en un point, car, de toutes les doctrines, la plus vide, c'est celle des déistes. Quand

on parle de Dieu, il faut parler de dogmes, de
mystères, de croyances, de pratiques, de tout ce
qui constitue une religion, sans oublier l'autorité qui la régit, représentée par des hommes.
Le déisme est une doctrine purement négative, .
et le pur déiste n'a jamais existé. Mais, dans
toutes ces doctrines, bientôt il faudra choisir, car
elles ne peuvent pas être toutes également
vraies. La loi qui exige la coopération de la religion ne peut rien attendre de celle qui serait
fausse. Le législateur des Deux-Siciles ne s'y est
pas trompé. Donc une conséquence se présente :
c'est que le système proposé aboutit inévitable-
ment à une religion de l'État.

Qu'on applique maintenant ce principe à toutes
les matières, car il n'y a nulle raison de s'en tenir au mariage, et l'on aura le régime rêvé par
Bellarmin, le pouvoir le plus solidement théocratique qui se soit vu jamais.

Voilà donc la loi redevenue une religion, à la

bonne heure ! Elle ne parle plus ce langage double, timide, équivoque, qui la déshonore ; elle
est catholique, luthérienne ou calviniste, mais
elle est quelque chose. Il restera maintenant à
savoir si elle n'est pas sortie du cercle de son action, si la liberté de la conscience est respectée,
et si le législateur, pour avoir empiété sur un
domaine étranger, n'a pas cessé d'être humain.

Chasser Dieu de la loi ! c'est un grand mot ;
mais quoi ! si la loi ne peut être qu'un temple
indigne et si chaque particulier lui en réserve un
autre dans son cœur !

Ce n'est pas honorer Dieu que de l'invoquer
pour contraindre. Le Dieu de mansuétude, de
bonté, de miséricorde, qui ne demande qu'une
obéissance raisonnable et raisonnée, *obsequium
rationabile*[1], repousse l'hommage que la force
arrache et l'holocauste d'une volonté contrainte.
La violence peut produire une unité factice,

[1] *Epist. Pauli ad Romanos*, cap. IX.

non l'union des intelligences et des cœurs.

On objecte que la loi reconnaît Dieu quand
elle impose le serment à ceux qui viennent té-
moigner en justice et aux jurés.

Cela est vrai ; mais elle ne soumet pas les té-
moins et les jurés à une profession de foi religieuse. C'est le magistrat, un fonctionnaire civil,
qui reçoit le serment. Pour rester dans les termes de l'assimilation, il faudrait se contenter du
serment des époux, ce que personne ne pourrait
considérer comme une atteinte à la liberté de la
conscience.

A Dieu ne plaise que nous soyons animé contre les représentants de l'autorité religieuse de
cette défiance qui ferait repousser systématique-
ment leur concours, même légitime et utile. Les
défenseurs du système mixte, en démontrant que
le mariage religieux n'aura pas pour effet d'aug-
menter la puissance temporelle du clergé, ont

combattu de vaines appréhensions. Nous son-
geons aux principes, non aux hommes. Mais,
apparemment, si la loi subordonnait la validité
du mariage civil à la consécration de la religion, ce n'est point un acte civil qu'elle en attendrait. Il serait essentiellement religieux, et c'est
parce que son caractère serait tel que le contrat
civil du mariage perdrait le sien.

Ainsi nulle assimilation possible entre le serment et le mariage religieux imposé comme condition du contrat. Le magistrat qui reçoit un
serment reste magistrat, et le prêtre qui consacre
un mariage agit comme prêtre. Le serment ne
cesse pas d'être un acte civil parce que Dieu, que
le législateur peut méconnaître dans la loi, mais
qu'il ne peut proscrire, est pris à témoin. Mais
il changerait de nature si, au lieu d'être un de
ces éléments de conviction parmi lesquels le
législateur peut choisir, il devenait un acte religieux, indépendant de tout acte civil, engageant
la conscience dans ses replis les plus profonds,

impliquant un dogme de foi et entraînant l'a-
dhésion à tel ou tel culte reconnu, mais non
soumis à l'État.

Quand la loi impose un serment, elle détermine la forme, pour quoi elle n'a nul compte
à rendre, de tel acte civil. Si elle exigeait le mariage religieux, elle reconnaîtrait un pouvoir
temporel ailleurs que chez elle, et les particuliers verraient leurs droits civils soumis à un
acte qui ne relève que du sentiment, où la loi
ne peut pénétrer.

On objecte encore que le divorce a été aboli
en France, et que l'abolition du divorce entraîne
le rétablissement du mariage religieux, qui donne
à l'union des époux l'indissolubilité.

C'est aller trop loin. Pour justifier le divorce,
les rédacteurs de notre Code civil n'attaquaient
pas l'indissolubilité naturelle du lien conjugal ; ils
n'auraient convaincu personne. Ils soutenaient

seulement que les obligations du mariage, per-
pétuelles nécessairement dans l'intention des
époux, se trouvaient résolues pour le conjoint
qui aurait subi une injure grave[1]. Le législateur de 1816 a pensé autrement ; mais le principe même de l'indissolubilité du mariage est
resté ce qu'il était. On n'a jugé qu'un cas de
droit, une question secondaire.

Il est vrai que, dans la pensée du législateur
d'alors, l'indissolubilité du mariage était absolue, parce qu'elle venait du sacrement. Ce serait
une opinion plus contestable ; mais quand la loi
s'arrête d'elle-même devant les conséquences du
motif que la dicte, qui pourrait s'arroger le droit
d'aller plus avant?

Donc, c'est mal parler que de dire : « L'abolition du divorce entraîne l'établissement du mariage religieux. » Il fallait dire . « La pensée qui

[1] Fenet. *Recueil complet des travaux préparatoires du Code
civil*, t. IX, p. 496. Rapport au Tribunat.

a fait abolir le divorce en France ne peut être
complétée que par l'établissement du mariage
catholique. » De cette manière tout se comprend,
et alors se présente la question de savoir si réel-
lement l'indissolubilité du mariage n'a d'autre
principe que le sacrement, sur quoi nous n'avons
rien à ajouter.

Mais puisqu'on se prévaut de la pensée du législateur de 1816, pourquoi n'en déduit-on que
des conséquences corrigées ? Si le divorce a été
légitimement aboli, parce que le lien conjugal est
absolument indissoluble, et que l'indissolubilité
n'a d'autre principe que le sacrement, il faut déclarer que le mariage catholique est seul obligatoire. Quoi ! le divorce est incompatible avec le
dogme catholique, le même principe qui le con-
damne est invoqué pour l'établissement du mariage religieux, et l'on admettra le mariage de
telle religion qui ne reconnaît pas le sacrement
et qui tolère le divorce ! Voilà une conclusion,
on en conviendra, qui ne découle pas bien rigou-

reusement des prémisses. Ignore-t-on que la
plupart des communions protestantes autorisent
le divorce? Peut-on oublier qu'il y a même des
citoyens français mahométans, aux yeux desquels
la polygamie est permise?

Il n'est pas aussi facile qu'il le paraît d'être
éclectique et conséquent. Si le mariage n'est pas
indissoluble par sa nature, la loi civile ne peut se
justifier qu'en empruntant ses dispositions à un
dogme. Mais comme le seul dogme qui recon-
naisse le sacrement du mariage est celui de l'É-
glise catholique, il ne sera pas loisible à la loi
d'établir un mariage religieux quelconque,
comme on le propose; il faudra n'en reconnaître
qu'un, celui qui fait du mariage un sacrement.

Ainsi toutes les raisons des défenseurs du Code
des Deux-Siciles amendé mènent à cette conclusion, qu'il n'y a qu'une religion pour sanctionner le mariage. En vain lutteraient-ils contre le
courant qui les entraîne; ils sont condamnés à

demeurer illogiques ou à devenir intolérants. Les transactions dans la loi ne peuvent avoir qu'une durée passagère, et c'est pourquoi une ferme raison les repoussera toujours. On a bientôt fait d'établir des limites arbitraires qu'on se propose de ne pas franchir ; mais la logique est plus forte, et c'est en vain qu'on se flatte de pouvoir s'arrêter.

Une dernière hypothèse.

Supposons , si l'on veut , que la loi demeure impartiale et maintienne l'équilibre entre tous les cultes ; ce sera attendre beaucoup des hommes, car dans toute question où le sentiment est intéressé, l'impartialité est une chimère. De plus, ce sera demander à la loi de demeurer immobile sur une pente glissante , de rester à moitié chemin de la logique , ce qui est une absurdité.

Supposons-le toutefois. Mais la loi qui exige pour le mariage une profession de foi religieuse, bien plus, qui impose aux époux un acte reli-

gieux, ne pourra s'en tenir à des paroles. On ne
demande à personne de dire son *Credo*, si ce
n'est pas pour le rendre obligatoire. Comment
s'arrêterait-on à une profession de foi qui demeurera sur les lèvres? Il faut aller plus loin et
donner à la loi la faculté de s'immiscer dans
toutes les affaires de la conscience. Ce ne peut
pas être pour une vaine satisfaction de mots
qu'on propose dans une matière aussi grave de
changer la législation. Toutes les conséquences
s'enchaînent, et il n'y a nulle raison de s'arrêter
à la matière du mariage. La loi impartiale, (si
cela est possible) vis-à-vis de tous les cultes,
les respectera donc tous. Mais le moins qui
puisse arriver, c'est qu'elle se fasse, en toutes
matières, l'exécutrice des prescriptions de chacun d'eux, et voilà vingt théocraties dans
l'État.

Une unité oppressive ou une diversité cho-
quante, source de luttes et de tiraillements, et
finalement inquisitionnaire, c'est à quoi aboutit

logiquement le système corrigé du Code des
Deux-Siciles.

On paraît fort effrayé de la possibilité d'un
certain scandale. Dans l'état actuel de la législation, rien n'empêche qu'après la déclaration du
mariage, reçue par l'officier de l'état civil, l'un
des époux ne se refuse à la célébration du mariage religieux ; et son conjoint ne sera pas moins
légalement obligé, quoique sa conscience ne lui
permette pas de considérer comme mariage l'engagement qui n'a pas reçu la consécration de la
religion.

Quand on discute sur les principes, le cas le
moins probable, s'il n'est point impossible, four-
nit une objection aussi grave que celui qui se
présenterait assez fréquemment pour devenir un
danger. Nous ne chercherons donc pas à atté-
nuer la valeur de l'objection par des considéra-
tions tirées de la rareté du fait. Oui, l'un des
conjoints a été trompé ; mais l'époux qui se re-

fuse à la célébration du mariage religieux, quand
c'était une condition expresse ou présumée du
mariage, se rend coupable d'une injure grave ;
il ne peut contraindre l'autre à un acte immoral
et sacrilége; mari, il manque à son devoir de
protection, et femme, à celui de l'obéissance.
Or, pour ce cas, les légistes admettent le remède
extrême, désespéré, douloureux, *miserabile so-
latium*, mais remède enfin, de la séparation de
corps.

On s'apitoie sur la position de l'époux trahi
(ordinairement la femme), dont l'existence est
désormais flétrie. Elle est horrible sans doute ;
mais si, au lieu de cette injure, le conjoint sans
foi en eût fait une autre, la position serait-elle
meilleure?

Les époux qui s'engagent courent le risque
d'une trahison, et la loi canonique elle-même
n'a jamais relevé le conjoint trompé, en recou-
rant à la rupture du lien.

Mais pour les légistes mêmes, — dernière objection — le droit à la séparation de corps est
douteux !

Qu'on le rende certain [1].

En terminant sur ce point, nous dirons aux
défenseurs d'un système trop timide pour être
agréé de ceux-là dont il doit calmer les exigences : Renoncez à vos tentatives de conciliation ;
heureuses, elles ne procureraient qu'une paix illusoire et de courte durée ; malheureuses, elles ne
feraient que ranimer inutilement l'ardeur d'un
zèle, pour ne dire rien de plus, qui n'a pas besoin d'excitation. L'éclectisme n'a jamais rien
produit, et la vérité ne se partage pas. Si la politique admet quelquefois les tempéraments qui
ménagent le présent, l'inflexible raison appliquée aux intérêts humains les repousse toujours ;
car, pour le calme contestable qu'ils promettent,
ils engagent assurément l'avenir. Gardez-vous

[1] Voir note C à la fin.

de prendre pour une nécessité éternelle un expédient douteux qu'emporterait le mouvement
contraire du lendemain. Songez que la puissance
même de la loi et son autorité tiennent plus à la
résistance qu'elle oppose, qu'aux entraînements
qu'elle favorise ; qu'elle ne peut se faire, sans
déchoir, l'instrument de la réaction du moment ;
qu'on l'énerve en la pliant aux passions, fût-ce
même aux besoins du temps, et que l'instant
vient toujours où le parti contraire peut lui demander des services semblables à ceux qu'on a
cru pouvoir en attendre.

Le mal de l'époque n'est pas dans cet enivrement d'orgueil qui rend impatient du joug,
comme on dit, ni dans cette fureur de convoitise
qu'on croit nouvelle parce qu'elle systématise
ses prétentions. Cela fut de tout temps. Il est
dans cette erreur trop générale, qui montre la loi
malléable à volonté, changeante au gré des passions des hommes, instrument docile des désirs
et des besoins fictifs ou vrais qu'il faut satisfaire.

L'autorité a péri, le respect a péri; le sentiment du droit, représenté par la loi, est seul demeuré dans le cœur de l'homme; ne l'affaiblissons pas en en obscurcissant l'image. Les temps de poésie sont passés; les mots, les noms, les signes sont sans empire et sans prestige. Ne retardons pas l'avénement du droit austère; car, bien véritablement alors, la société serait sans frein. Ne perdons pas le temps surtout à récrépir les vieilles idoles, encore ne pourrait-on que les défigurer. On peut s'en réjouir ou s'en plaindre, considérer le mouvement qui nous agite comme un recul ou un progrès; mais quand l'idée du droit se dégage chaque jour plus nettement du symbole, il est criminel et dangereux de la fausser dans l'esprit des masses. Donc, que la loi apparaisse toujours grave, froide, sévère, et pour cela même immobile. Les sociétés se font elles-mêmes; on ne les pétrit pas sur un modèle idéal plus ou moins heureux. Si les mœurs sont mauvaises, les lois ne les réformeront pas, et qu'ont-elles à faire si les mœurs sont bonnes? Arrière

ces transactions, ces expédients, ces moyens de
gouvernement, véritables remèdes d'empiriques,
mis en jeu par des mains plus ou moins habiles !
La loi assurant la pratique du devoir et laissant
tout le reste à l'arbitre particulier, voilà la sagesse, la raison, la justice, et même l'intérêt bien
entendu.

V

DU PRINCIPE DU POUVOIR CIVIL.

Tout tient à tout, a dit un sage. Notre pensée
demeurerait incomplète si, après avoir parlé du
droit et de la loi, nous ne disions un mot du
pouvoir humain qui la représente, et qui, au
nom du droit, valide le mariage ou le mécon-
naît.

Le problème de la souveraineté est le plus
haut que soulève la philosophie sociale, sinon

par lui-même, au moins par le principe qu'il implique. Où est la marque de la légitimité du
pouvoir civil? Qui exprimera le droit, lequel
n'est pas l'autorité, et dont l'autorité même est
la négation? A qui appartient-il de formuler la
règle du droit qui, sous le nom de loi, comman-
dera l'obéissance et autorisera l'usage de la force?
Telle est la question.

Trois systèmes sont en présence.

Des publicistes placent la souveraineté dans
un homme prédestiné. Ce sont les défenseurs de
la souveraineté monarchique, qui, pour être
conséquents, la soumettent à une autorité religieuse dont elle n'est que la délégation. Nous
avons assez parlé du principe d'autorité pour
qu'il soit inutile d'y revenir ici.

D'autres donnent la souveraineté aux meilleurs, disons le mot, à une aristocratie. Si l'on
entend que le gouvernement des affaires publi-

ques doit appartenir aux plus sages, on exprime
une vérité que nul ne songera à contester. Mais
ce n'est pas de cela qu'il s'agit, puisque nous
cherchons où réside l'infaillibilité.

D'autres enfin placent la souveraineté dans le
nombre. C'est la doctrine des publicistes de la
Réforme, de Jurieu entre autres [1], qui, ne trou-
vant rien d'où il apparaisse que la souveraineté
ait été concédée à *un* ou à *plusieurs*, la donne à
tous.

Toutes ces théories sont erronées, et cependant il ne faut pas se méprendre sur le caractère
de la condamnation qu'elles peuvent encourir.
Nous ne disons pas qu'il n'y ait de conforme au
droit que cet état d'anarchie préconisé dans ces
derniers temps par les docteurs de la démagogie.
Un gouvernement, monarchique, aristocratique
ou républicain, est légitime, s'il satisfait à cette
mission de tous les gouvernements, d'assurer le

[1] Seizième lettre pastorale.

respect du droit. La forme varie selon les temps
et les lieux, mais le but est toujours le même;
c'est même l'unité du but, en regard de la diversité des mœurs, qui détermine la variété de la
forme. Nous ne nous en prenons qu'au principe
de la souveraineté, à l'absolutisme, illégitime
pour la multitude comme pour le Roi, parce qu'il
est destructif du droit et qu'il répugne à la raison qu'un pouvoir quelconque puisse vouloir
sans avoir raison, agir sans être discuté, et contraindre par l'effet de sa seule volonté, sans avoir
nul compte à rendre de ses actes.

Mais où sera la puissance de déclarer le droit,
si elle n'est ni dans un homme, ni dans les
hommes? — Dans l'homme, répondrons-nous,
dans la raison individuelle.

Le droit, c'est l'action du devoir contre les
obstacles suscités par une volonté étrangère. La
question de savoir quel est le droit n'est donc
point autre que celle-ci : Quel est le devoir? Et

comme le devoir a son principe dans la raison,
seule juge du vrai et du faux, il suit que c'est la
raison individuelle qui prononce sur mon droit
et sur le droit de mes semblables.

Le bien, le juste, le vrai désignent les diffé-
rentes manifestations d'une chose identique dans
son essence. Il y a longtemps que Platon, et après
lui Cicéron et saint Thomas, ont dit que le bien
et le vrai ne sont qu'un [1]. Le bien, en effet, c'est
la vérité morale. Qu'importe que notre connais-
sance ait pour objet une vérité de mœurs, l'existence d'un objet matériel ou un rapport de quan-
tité? Nous disons une vérité quand l'idée que
nous exprimons est la représentation exacte de
la chose ; la vérité, c'est la chose apparaissant
telle qu'elle est. A ce point de vue, les principes
du droit sont des vérités comme telles proposi-
tions de mathématiques ou telle constatation
d'un phénomène naturel. Donc, si le *criterium*

[1] Platon, *Dialogue du Criton*; S. Thomas, *Summa theol.*,
pars I, quæst. xvi, art. 4.

de la vérité est l'évidence pour la raison, la raison aussi prononce sur le droit ; en d'autres
termes, le législateur sera l'individu.

Nous marchons, comme on le voit, avec Des-
cartes. Vico, et de nos jours un penseur re-
nommé, ont posé un autre principe de certitude.
Le vrai, pour eux, c'est ce qui est tel pour tous [1].
Le *criterium* de la vérité, c'est le sens commun.
Les conséquences d'une telle doctrine apparaissent d'elles-mêmes: en politique, c'est la démocratie. Mais si la doctrine est erronée, par la raison que mille zéros ne sauraient faire une unité,
et que la multitude ne peut connaître autrement que ne connaît l'individu lui-même, il
restera, comme principe de certitude, la raison
individuelle, et la raison aussi comme principe
de gouvernement.

L'école doctrinaire proclame bien la souverai-

---

[1] Vico, *Science nouvelle* ; M. Lamennais, *Indifférence en matière de religion*, et *Esquisse d'une philosophie*.

neté de la justice, du droit ; mais elle ne dit pas
à qui il appartient de déclarer ce qui est la
justice.

Maintenant, comment la raison individuelle
manifestera-t-elle son sentiment sur la vérité
de droit et sur la légitimité de l'action du pouvoir
public?

Il faut ici se garder d'une méprise. Si l'on
rêvait une forme qui assurât de la part du pouvoir public l'application du droit, tel que la saine
raison le conçoit, selon toute vraisemblance, on
rêverait longtemps. La question n'est pas telle.
Monarchique ou républicain, un gouvernement
peut errer ; mais les absolutistes du droit divin
et ceux de la démocratie veulent qu'il puisse
errer impunément, tandis que les défenseurs du
droit le rendent comptable de ses actions vis-à-
vis de tout particulier individuellement. C'est en
quoi ils diffèrent. Or, dans tout Etat, le droit
aura pour sanction la résistance juridique (nous

ne disons pas seulement légale) des citoyens, qui laisseront au pouvoir civil sa liberté d'action, mais n'obéiront qu'au droit.

Voilà ce qui doit être, et ajoutons ce qui est. L'histoire apprend que, de fait, la suprématie de la raison individuelle s'est toujours exercée, plus ou moins heureusement à la vérité. Nul gouvernement si absolu, qui n'ait à rendre compte de ses actes. L'énergie de la résistance chez les gouvernés est même en raison de la force de l'action des gouvernants. Le Czar et le Sophi sont tout-puissants jusqu'à ce que, à la suite de quelque émeute de palais, ils meurent étranglés. C'est alors une collection de volontés individuelles qui a agi. Certes, ce n'est point un modèle à offrir qu'un gouvernement sans contrepoids, dont les excès arrivent à provoquer la résistance, surtout si elle doit se manifester par la corde ou le poignard. Un pouvoir n'est durable qu'à la condition d'être contenu, et encore la possibilité de faillir ne man-

quera t-elle pas. Mais quel que soit l'artifice
constitutionnel, la puissance publique ne sera
jamais souveraine, ni en fait, ni en droit, c'est-à-
dire au-dessus du jugement individuel des particuliers ; et c'est tout ce que nous voulons
dire.

Hampden, n'eût-il pas eu derrière lui toute
l'Angleterre, usait légitimement du droit dont
nous parlons en résistant à la perception de la
taxe des vaisseaux.

A cela, deux objections :

La puissance de légiférer, ou au moins de con-
trôler la loi, reconnue à chacun, c'est l'anarchie,
dira-t-on. Chacun appellera droit la prétention
qu'il élève ou qui lui agrée chez les autres.

Si l'on entend que les abus de la liberté sont
la négation de tout gouvernement, l'on dit vrai ;
mais on se trompe si l'on impute à la liberté ce

qui ne peut être que le résultat de ses excès. La liberté, c'est le droit; or, le droit anarchique, si les deux mots n'étaient contradictoires, serait l'injustice, c'est-à-dire ne serait plus le droit. Qu'y a-t-il donc de spécieux dans l'objection? Le voici : c'est que la passion trouble trop souvent chez l'homme le jugement de la raison; c'est que la justice elle-même est quelquefois le voile sous lequel l'homme sans conscience ne craint pas de masquer son penchant mauvais, convoitise, ressentiment, ce que l'on voudra enfin. En ce sens, la liberté avec son appendice obligé, le droit de résistance, peut produire l'anarchie. Mais ce sera comme une substance altérée, qui cause un mal au lieu du bien qu'on peut en attendre dans l'état de pureté Le sentiment du juste est le même partout; s'il déguise un sentiment mauvais, il n'en faut vouloir ni à la justice, ni à la raison. La vérité est innocente du mal que l'erreur fait en son nom.

Tout au plus pourrait-on voir quelque danger

à proclamer une vérité que les hommes seront
tentés de détourner chacun à son profit. Mais
ce danger, fût-il instant, ne toucherait pas à la
vérité pure; l'individu abusera de son droit, c'est
regrettable; mais cela ne fera pas que le droit ne
soit pas, ni même qu'il cesse d'exister chez
celui pour qui il aura été l'objet d'un abus.

On peut d'ailleurs se rassurer sur le péril qu'il
y a à dire ce qui est vrai. Si le monde va mal,
ce n'est certes pas à la vérité qu'il faut s'en
prendre. Le sentiment du droit relève celui du
devoir, loin de l'éteindre, car il a le même principe. Un peuple libre et éclairé connaît mieux
l'ordre qu'une nation de serfs ignorants. Il ne
se peut pas qu'il soit bon, sage, prudent de men-
tir, ou au moins de dissimuler. La vérité connue
par la raison est bien, elle aussi, une révélation;
et si on la cache, que fera-t-on pour l'erreur?

La seconde objection est celle-ci : Soit, le droit
pour chacun de faire justice ne sera pas l'a-

narchie; mais au moins sera–ce la souveraineté
du nombre, qui, dans sa plus simple expression,
n'est autre chose que le droit de la force?

Cette autre critique pèche en deux endroits.

D'abord la souveraineté de la raison n'est pas
celle de l'individu; et ce qui aboutit à la souveraineté du nombre, c'est la doctrine qui permet
de vouloir, non ce qu'on sait être juste, mais ce
qui plaît. La raison individuelle souveraine est
tout autre chose que l'intérêt, le bon plaisir, la
passion érigée en règle de droit. Juge de la vérité, elle ne peut la subordonner à tel intérêt
perpétuel ou momentané. Elle est souveraine,
mais l'individu n'est pas souverain; il ne peut
proclamer comme règle de justice tout ce qu'il
lui plairait d'appeler de ce nom. Combien, au
contraire, la souveraineté du nombre ne diffère-
t-elle pas! Ici la majorité n'a nul compte à rendre
de ses actes. Ce qu'elle décide est juste parce
qu'elle le veut, non par sa nature. Son droit ainsi

entendu est bien le droit du plus fort; mais hâtons-nous de dire que la justice affirmée par la
raison n'a rien de commun avec un droit
semblable.

Qu'on admette maintenant comme ne faisant
qu'un, en fait, la souveraineté de la raison et
celle de la majorité. Toujours sera-t-il qu'il ne
faudra plus parler, comme dans la doctrine dé-
mocratique pure, du nombre faisant le bien et
le mal indifféremment, mais de la majorité sévère, réfléchie, et prononçant sur le droit avec
la gravité d'un corps investi d'une magistrature
ou d'un sacerdoce. Ce sera un progrès. La volonté du nombre cependant ne sera pas infaillible. Il pourra se tromper : le droit alors sera
vaincu; mais le droit méconnu ne cesse pas
d'être; il subsiste quand l'autorité chargée de le
maintenir s'en fait sciemment ou de bonne foi
une idée fausse, et l'on n'a jamais pensé à trouver une combinaison constitutionnelle qui pût
en assurer le triomphe continu.

Nous travaillons ici à détruire un quiproquo
trop fréquent quand on parle de droit et de souveraineté. Il semblerait toujours qu'on ne peut
toucher à ce problème sans avoir à présenter
un plan de constitution. C'est une erreur.
Nous cherchons le principe du pouvoir public,
non les moyens par lesquels il doit agir. Existe-
t-il une règle de jugement en dehors de la raison? Telle est la question. Or, on ne saurait la
concevoir. Le droit ne sera pas plus certain
quand on aura placé ici ou là une souveraineté
qui le domine; on ne termine pas une controverse
en fermant d'autorité la discussion. Tout au plus
impose-t-on une paix momentanée. Il y a le fait:
c'est que la volonté du nombre, après des alter-
natives plus ou moins cruelles, fait la loi sous
toutes les formes de gouvernement, et même là
où la démocratie n'apparaît pas; mais aussi il y
a le droit, en vertu de quoi cette volonté ne
s'exerce légitimement que quand elle est juste
au jugement de chacun. Tout s'explique ainsi.
Rien n'empêchera jamais l'irruption de la force,

s'il lui plaît de s'abandonner à elle-même. Les
politiques chercheront à en prévenir les excès,
c'est leur charge; mais le philosophe ne s'en
occupe pas. Comme le préteur à Rome, il dit
le droit, *jus dicit*. Il ne propose aucune panacée,
il n'est pas responsable des déviations que pourront subir ses principes.

Il est peu consolant sans doute d'avoir le droit
avec soi quand la force est ailleurs. Plus d'une
victime de toutes ces injustices publiques ou pri-
vées qui se produisent à chaque pas dans la vie,
a pu, comme le paysan de la comédie, *enrager
d'avoir tort tout en ayant raison*. Mais il n'est
pas inutile de chercher, et de chercher toujours,
où est le droit, la justice, la raison. En présence
du fait brutal qui s'accomplit, le philosophe dit
ce qui est juste; c'est une manière d'en préparer
l'avénement.

Tout cela peut paraître s'éloigner de la question du mariage, et s'y rattache cependant par

les liens les plus intimes. On ne peut s'expliquer
sur le mariage civil sans dire un mot du pouvoir
qui le maintient. La souveraineté de la raison, la
résistance à l'autorité qui fait le mal, le mariage
civil, l'indépendance individuelle, la justice humaine de la loi, sont autant de pièces d'une
même doctrine. Il faut le dire, parce qu'il faut
savoir où l'on va, et avoir le courage d'avouer
tout ce qu'on pense. Au surplus, répétons-le, il
n'y a pas à s'abuser sur le degré de certitude auquel la raison peut atteindre. L'homme cherche
et cherchera toujours; c'est sa destinée. Des pro-
blèmes que sa faible intelligence ne peut éluder
ni résoudre se posent partout devant lui. En vain
consume-t-il ses forces : c'est le rocher de Sisy-
phe, qui retombe de tout son poids au moment où
le travail paraît accompli. *Saxum ingens volvunt...*
Mais la perspective d'un labeur éternel ne doit
pas lasser les efforts. Chercher et penser, c'est la
vie. On ne résout rien en fermant les yeux de
l'intelligence, et c'est une paix trompeuse qui se
goûte dans l'obscurité qu'on se fait à soi-même.

Ce que nous disons là est téméraire ou su-
ranné, et vient, nous le savons, ou trop tôt ou
trop tard. Le moment est mal choisi pour parler
des droits de la raison, on peut le penser du
moins. Mais la vérité, où qu'elle soit, n'a pas
d'époques; il est toujours opportun de la rappeler, ne fût-ce que pour prévenir son explosion.
L'homme qui se sent libre moralement aspire à
être libre civilement et politiquement. Qui peut
vouloir doit pouvoir agir. Ainsi le veut la logique
des choses. Aussi le sentiment de la liberté ne
meurt-il pas. Il a ses défaillances après ses écarts
et ses vertiges; mais, dompté aujourd'hui, il se
relève demain, et ce serait la folie à son comble
que de croire à sa mort parce qu'il se tait.

Résumons en deux mots :

L'autorité a sa mission, qui est d'enseigner ce
que la raison ne saurait comprendre. La raison
a son droit, qui est de n'accéder qu'à ce qu'elle
sait être vrai. Les deux puissances exercent leur

empire sur un domaine différent ; l'une ne peut rien sur l'autre. Donc l'autorité qui contraint ou fait contraindre n'est plus l'autorité; c'est la force, contre quoi la résistance juridique est toujours un droit en même temps qu'elle est un devoir.

NOTES.

NOTE A.

(Page 55.)

L'art. 54 de la loi du 18 germinal an x est ainsi conçu :

« Ils (les curés) ne donneront la bénédiction nuptiale qu'à ceux qui justifieront, en bonne et due forme, avoir contracté mariage devant l'officier civil. »

La sanction de cette disposition est dans les articles suivants du Code pénal :

« Art. 199. Tout ministre d'un culte qui procédera aux cérémonies religieuses d'un mariage, sans qu'il lui ait été justifié d'un acte de mariage préalablement reçu par les officiers de l'état civil, sera, pour la première fois, puni d'une amende de seize à cent francs.

« Art. 200. En cas de nouvelles contraventions de l'espèce exprimée en l'article précédent, le ministre du culte qui les aura commises sera puni, savoir : pour la première récidive, d'un emprisonnement de deux à cinq ans, et pour la seconde, de la détention. »

Voici comment l'exposé des motifs justifie ces dispositions :

« Les ministres qui procèdent aux cérémonies religieuses d'un mariage sans qu'il leur ait été justifié de l'acte de mariage reçu par les officiers de l'état civil, compromettent évidemment l'état civil des gens simples, d'autant plus disposés à confondre la bénédiction nuptiale avec l'acte constitutif du mariage, que le droit d'imprimer au mariage le sceau de la loi était naguère dans les mains de ces ministres. Il importe qu'une si funeste méprise ne se perpétue pas. »

NOTE B.

(Page 74.)

Il est deux classes de personnes que le problème du mariage civil et religieux ne peut intéresser que médiocrement : ce sont les partisans des sectes dissidentes, pour qui la question est dès longtemps jugée, et les ultramontains, qui voient le gouvernement dans l'Eglise, et l'Église dans le Pape, et ont ainsi une opinion opposée, mais aussi inébranlable.

On sent que cette controverse concerne plus particulièrement ces chrétiens nombreux, qui souffrent souvent de ne pouvoir accorder leur foi de catholiques et leur liberté d'hommes et de citoyens, et que c'est pour eux que nous parlons.

Or, on fait presque un article de foi de l'indivisibilité des deux actes. On dit que la distinction du contrat et du sacrement est nouvelle, et que c'est l'hérésie qui l'a faite en niant les sacrements.

C'est la proposition contraire qui est vraie.

Jusqu'au douzième siècle, le contrat et le sacrement sont demeurés distincts, comme on peut le voir notamment dans les lettres du premier des canonistes du moyen-âge, Yves de Chartres. Saint Thomas lui-même, la grande lumière de l'Église, les distingue en maint endroit. C'est ainsi qu'il appelle l'homme, un être *conjugal* de sa nature, *animal naturaliter conjugale;* et le mariage, un acte naturel : *conjugium sive matrimonium est naturale* (*Tertiæ partis Sum. theol. suppl.* quæst. XLI, art. 1). C'est ainsi encore qu'il commet à la loi civile le soin de régler les suites du mariage : *Quantum obsequium sibi a conjugibus impensum habet institutionem in lege civili* (*Ibid.* quæst. XLII, art. 2); et c'est ainsi enfin qu'il subordonne l'union spirituelle à l'union naturelle et civile des époux : *Cum in matrimonio sit quædam spiritualis conjunctio in quantum matrimonium est sacramentum, et aliqua materialis, secundum quod est in officium naturæ et civilis vitæ, oportet quod, mediante materiali, fiat spiritualis virtute divina.* (*Ibid.* XLV, art. 1.)

A la vérité, l'hérésie a nié que la bénédiction donnée aux époux eût le caractère de sacrement institué par Jésus-Christ ; à quoi le concile de Trente a répondu par le canon suivant : *Si quis dixerit matrimonium non esse vere et proprie unum ex septem legis evangelicæ sacra-*

mentis a Christo Domino institutum, sed ab hominibus in Ecclesiæ inventum neque gratiam conferre, anathema sit. (Sessio 24, can. i.) C'est aux termes trop généraux employés par le concile que les ultramontains de nos jours s'attachent pour repousser la distinction si naturelle que nous établissons dans notre texte. Mais tout démontre que le concile n'a jamais songé à proscrire une distinction qu'il eût repoussée bien inutilement, attendu qu'elle résulte de la nature des choses et ne tient qu'au mode de raisonnement. Toujours on voit les Pères du concile l'établir, la préciser et l'invoquer pour justifier leurs décisions.

Pallavicini, l'historien suscité par la cour de Rome, rapporte bien que, lors de la discussion qui s'éleva sur le premier canon, les Pères du concile parurent généralement penser que le seul fait de l'union par le mariage entre chrétiens était un sacrement depuis Jésus-Christ (*Istoria del concilio di Trento,* lib. xxii). Singulière doctrine, qui a été ressuscitée par certains théologiens de nos jours, en vertu de laquelle les époux se dispenseraient mutuellement le sacrement, et où le ministère du prêtre catholique serait même, à proprement parler, inutile ! Mais, si cette idée a pu jeter quelque confusion dans la rédaction du premier canon du mariage, comme il faut bien le reconnaître,

il s'en faut qu'elle ait été comprise avec toutes ses conséquences. Non-seulement, comme nous le disons, la
pensée qui distingue le contrat du sacrement, et qui
fait consister le sacrement dans la bénédiction donnée
aux époux, se reproduit dans tous les discours qui ont
été prononcés devant le concile à l'occasion de la question du mariage, mais elle se trouve developpée dans
les écrits que les Pères ont publiés postérieurement
au concile.

Ajoutons que les théologiens les moins suspects de
prévention contre la cour de Rome n'ont pas cru,
depuis, que la saine doctrine consistât dans une confusion qui répugnera toujours, même à l'esprit le
moins lucide. Le jésuite Sanchez distingue le contrat
et le sacrement, pour soumettre l'un à la puissance
séculière, et l'autre à la puissance ecclésiastique.
Voici ses propres paroles, que les publicistes de nos
jours signeraient sans restrictions :

« Quare egregiè D. Thom. dixit matrimonium, in
quantum contractum civilem, in officium communita-
tis institutum, subjacere legis civilis ordinationi. Et
confirm. Si enim potest princeps secularis alios contractus civiles ob reipublicæ bonum irritare, cur non
poterit etiam matrimonii contractum, cum id quan-
doque idem bonum commune postulet? Nec obstat

principis secularis potestati matrimonium esse sacramentum. Quia ejus materia est contractus civilis, qua ratione perinde potest illud ex causa justa irritare ac si sacramentum non esset : reddendo personas inhabiles ad contrahendum et sic illegitimum et invalidum contractum. Si enim nudam sacramenti rationem attendamus, nec pontifex circa illud disponere posset, illud dissolvens : ejusque potestas ex ratione contractus humani qui est materia hujus sacramenti consurgit. » — Th. Sanchez. *De matrimonio*, lib. 7, disp. III.

Il est vrai que Sanchez ajoute immédiatement que l'Église peut interdire aux souverains l'usage de cette puissance et se la réserver à elle-même. Mais il en donne ce motif, que la puissance temporelle est soumise à la puissance spirituelle. C'est une autre question. Toujours est-il que dans l'opinion de Sanchez le contrat et le sacrement sont deux choses, et c'est tout ce que nous voulons lui demander.

Ce n'est donc pas s'unir à l'hérésie que de partir d'une distinction qu'elle n'a pas créée, pour en déduire des conséquences que l'Église n'a jamais pu condamner. Distinguer le mariage civil du mariage religieux, ce n'est pas nier que le mariage religieux soit un sacrement, et c'est cela seulement qui serait théologiquement répréhensible.

NOTE C.

(Page 116.)

Nous avons eu occasion de faire remarquer dans le cours de notre travail que les difficultés secondaires qui ont donné lieu aux diatribes dont le mariage civil a été l'objet, ne touchaient pas en réalité à la question, et que quelques incorrections de détail, faciles à rectifier, ne pouvaient entraîner la condamnation du système du Droit français, et du principe sur lequel il repose.

La position de l'époux dont le conjoint refuse de faire procéder à la célébration du mariage religieux ne semblerait pas devoir servir de point de départ à des réclamations de cette nature. D'une part, en effet, le cas d'un refus ne s'est jamais présenté depuis plus d'un demi-siècle que le culte catholique est rendu à la France, au moins devant les tribunaux ; d'une autre part, notre législation viendrait au secours de l'époux trompé dans son attente, en lui ouvrant la voie de la séparation de corps. C'est du moins le résultat de la controverse que la question a fait naître.

Sur ce point, quatre systèmes sont en présence.

Un professeur, M. Bressoles, a soutenu, dans la *Revue de législation* (1846, t. III, p. 149), que le mariage civil, non suivi de la célébration du mariage religieux, alors que cette dernière solennité était dans la volonté expresse ou tacite des deux époux, était infecté de nullité, et que l'époux trompé pouvait se prévaloir du refus de son conjoint comme d'une cause d'erreur sur sa personne.

Un écrivain distingué, M. Marcadé, a présenté dans le même recueil (1846, t. III, p. 342), un système quelque peu différent. Selon M. Marcadé, le mariage ne serait pas *nul*, mais *annulable*. Il y aurait erreur dans la personne, et ce serait le cas de faire l'application de l'art. 180 du Code civil.

M. Thiériet n'admet pas que le mariage, dans un cas semblable, soit nul, ni même que le refus de l'un des époux puisse motiver une demande en séparation de corps. (*Ibid.*, p. 169.) A son sens, l'époux victime du manque de foi de son conjoint n'aurait d'autre parti à prendre que de se refuser à l'habitation commune, et il demeurerait libre, parce que, de fait, la loi n'autorise aucun moyen de coërcition contre lui.

Enfin, **M.** Demolombe (*Cours de Droit civil*, t. **IV,** p. 397), en repoussant tous ces systèmes, autorise la demande en séparation de corps, parce que le refus de l'époux constitue, contre l'autre, l'injure grave dont parle l'art. 232 du Code civil.

Ce système est évidemment le seul raisonnable et le seul conforme à l'esprit de notre législation. Le mariage ne peut être déclaré nul ou annulé pour un fait postérieur à sa célébration. Le refus de procéder au mariage religieux ne touche en rien aux qualités de la personne; c'est la manifestation d'un sentiment blâmable, mais dont l'époux n'a nul compte à rendre. D'ailleurs, en fût-il autrement, et fût-il vrai que l'un des conjoints a été induit en erreur sur les sentiments religieux de l'autre, qu'il ne faudrait pas voir dans cette erreur une cause de nullité du mariage, car l'erreur, comme le dit avec raison M. Demolombe, ne porterait pas sur les qualités qui affectent la personne elle-même, et ce sont celles-ci seulement sur lesquelles l'erreur peut autoriser une demande en nullité.

Maintenant, le refus de l'un des époux de procéder au mariage religieux constitue-t-il l'injure grave? C'est véritablement toute la difficulté. M. Thiériet ne le pense pas. Selon lui, il ne peut y d'avoir injure sans

l'intention de celui qui la commet; et, dans le cas
supposé, il y a seulement chez l'un des époux une
autre manière de voir que chez l'autre. C'est, pensons-
nous, se méprendre sur le caractère de l'injure dont
parle l'art. 231. Que l'intention soit une condition de
l'injure considérée comme délit et soumise à l'appréciation des tribunaux criminels, cela se conçoit; il n'y
a alors rien de particulier à l'injure; c'est l'application du principe fondamental en vertu duquel il n'y
a pas de délit sans intention. Mais quand il s'agit
d'apprécier l'injure sur laquelle l'un des époux fonde
une demande en séparation de corps, c'est à un point
de vue tout différent qu'il faut se placer. L'injure
s'estime alors, non en considération de l'époux qui la
commet, et qu'il ne s'agit pas de punir, mais par
rapport à l'époux qui la subit, et qui a besoin d'être
protégé. Cela est si vrai que, pour apprécier l'injure, les tribunaux sont chargés de tenir compte
de la position sociale des époux, de leurs mœurs,
de leurs habitudes, de leur caractère, etc., de sorte
que tel fait pourrait être gravement injurieux pour
tel époux, et parfaitement insignifiant pour tel
autre. Il est bien certain que cette théorie si raisonnable serait fausse, si l'injure devait être appréciée
comme les délits, qui sont les mêmes pour tous les

particuliers, et ne· s'estiment jamais relativement.

Peu importe donc que le refus de l'un des conjoints de faire procéder au mariage religieux ait ou n'ait pas pour principe une intention malveillante. C'est un acte volontaire et blessant pour l'autre conjoint, cela suffit. De tous les délits punissables, celui dont on conçoit le moins que l'intention puisse se séparer du fait même, c'est bien la diffamation. La jurisprudence n'admet pas, cependant, qu'un fait diffamatoire puisse motiver l'application d'une peine, quand l'intention criminelle n'existait pas. Est-ce à dire que l'époux qui aurait accusé son conjoint de quelque fait monstrueux pourrait se défendre contre la demande en séparation de corps, comme cela serait possible dans le cas d'une poursuite criminelle, en avouant le fait, mais en démontrant qu'il n'y avait pas chez lui une intention injurieuse? Il suffit de poser la question pour la résoudre. Les tribunaux pourraient voir, dans cette manière de se défendre, une excuse du fait passé, un pardon imploré pour l'avenir, et prendre en considération cette marque de repentir, si la vie commune des époux ne leur paraissait pas devenue complétement impossible; mais assurément, ils n'y verraient pas un moyen de défense devant lequel ils dussent nécessairement s'arrêter.

Ainsi, le refus de procéder au mariage religieux,
contre la volonté de l'un des époux, ne fait pas que le
mariage soit nul, comme le veut M. Bressoles ; il ne
le rend pas annulable, comme le veut M. Marcadé ; il
n'est pas complétement indifférent, comme le pense
M. Thiériet ; mais il peut, comme le soutient avec
raison M. Demolombe, motiver une demande en séparation de corps. Seulement, on peut regretter que
M. Demolombe n'ait pas défendu son opinion de la
seule manière dont cela fût possible ; qu'il n'ait pas
précisé le caractère de l'injure, et qu'il ait cru devoir
soutenir contre M. Thiériet que l'intention injurieuse
existe toujours chez l'époux qui refuse, ce qui importe
peu pour la question et est radicalement faux.

Si jamais pareille difficulté se présentait devant les
tribunaux, il y aurait à rechercher si la célébration
religieuse était dans l'intention des époux lors du mariage civil. C'est une appréciation de fait où les juges
auraient plein pouvoir, mais qui ne saurait présenter
de difficultés.

Voilà la question dont la solution a préoccupé les
esprits au point que quelques-uns n'ont pas hésité à
proposer un changement complet dans le système de
notre législation. Ce serait un bien grand moyen pour
conjurer un mal au moins éloigné, comme on voit. Le

péril n'est pas imminent, puisqu'il n'est jamais apparu; le remède, en tous cas, est tout trouvé. Serait-il vraiment prudent de tenter, pour cela, une réforme dont le moindre mal serait de menacer la liberté civile des citoyens[1]?

[1] Nous sommes forcé de faire une note à une note.

La dernière feuille de cet opuscule était imprimée quand une communication obligeante nous a signalé un exemple du scandale qui nous paraissait improbable. *Un homme s'est rencontré*, qui n'a pas craint de braver Dieu et d'attenter à la foi religieuse d'une épouse dans l'acte le plus saint de la vie. Par pudeur, nous ne le nommerons pas. Il appartenait au contempteur de toutes les lois divines et humaines, à l'homme qui a acquis une déplorable célébrité par le jeu qu'il s'est fait d'insulter tout ce qu'on respecte, de fournir un tel exemple. Mais cet exemple confirme notre proposition générale, loin de la détruire : si, pour le donner il faut la dépravation du cœur et de l'esprit à un degré pareil, nous le répétons, le péril n'est pas imminent.

FIN.

TABLE.

—

Paris. — Imp. BAILLY, DIVRY et Cᵉ, place Sorbonne, 2.

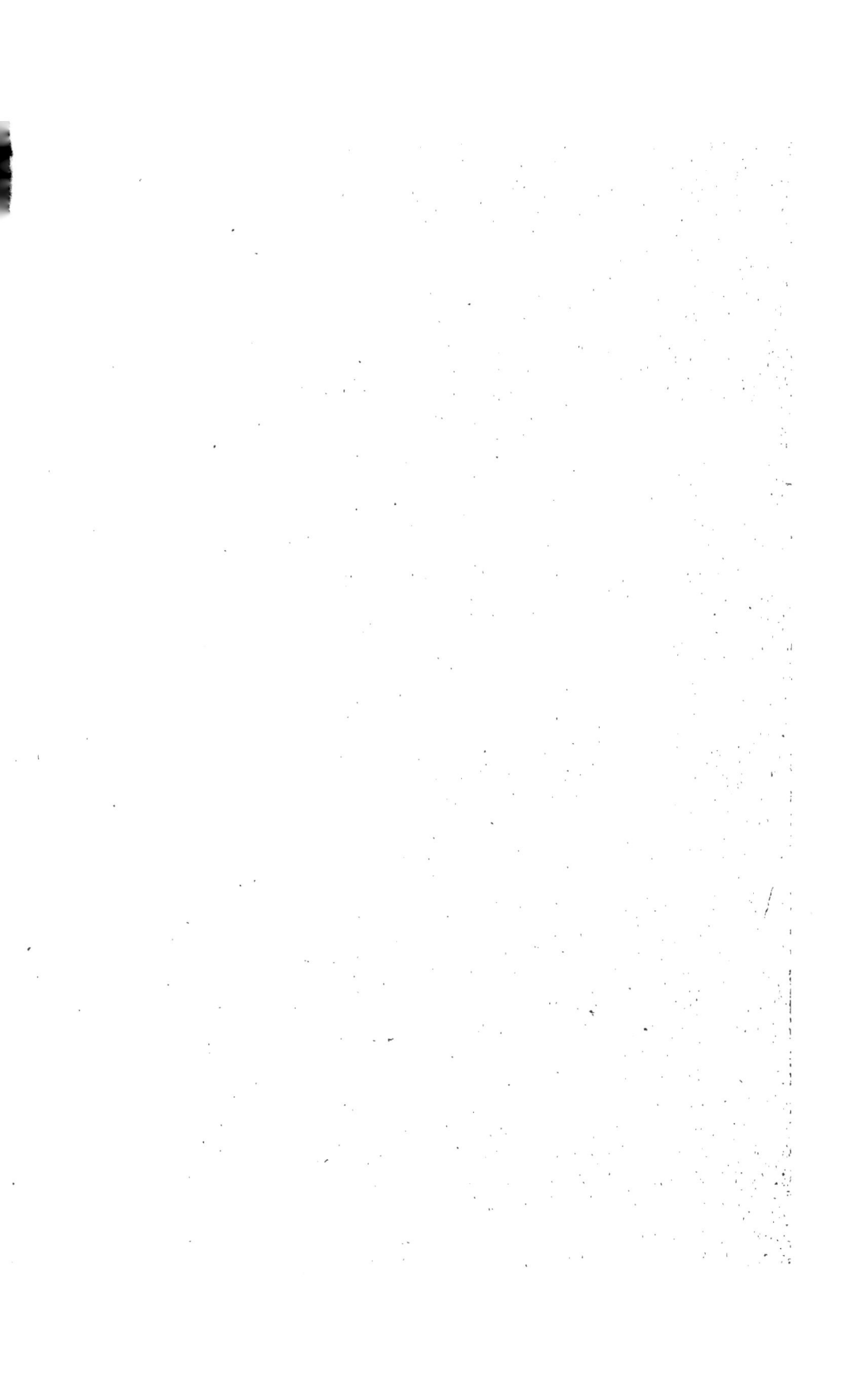

Imp. BAILLY, DIVRY et Cᵉ, place Sorbonne, 2.